Volker Wiese

Er führte mich hinaus ins Weite

AF002662

Volker Wiese

Er führte mich hinaus ins Weite

Predigten zu Kreuz und Zukunft

Fromm Verlag

Impressum / Imprint
Bibliografische Information der Deutschen Nationalbibliothek: Die Deutsche Nationalbibliothek verzeichnet diese Publikation in der Deutschen Nationalbibliografie; detaillierte bibliografische Daten sind im Internet über http://dnb.d-nb.de abrufbar.
Alle in diesem Buch genannten Marken und Produktnamen unterliegen warenzeichen-, marken- oder patentrechtlichem Schutz bzw. sind Warenzeichen oder eingetragene Warenzeichen der jeweiligen Inhaber. Die Wiedergabe von Marken, Produktnamen, Gebrauchsnamen, Handelsnamen, Warenbezeichnungen u.s.w. in diesem Werk berechtigt auch ohne besondere Kennzeichnung nicht zu der Annahme, dass solche Namen im Sinne der Warenzeichen- und Markenschutzgesetzgebung als frei zu betrachten wären und daher von jedermann benutzt werden dürften.

Bibliographic information published by the Deutsche Nationalbibliothek: The Deutsche Nationalbibliothek lists this publication in the Deutsche Nationalbibliografie; detailed bibliographic data are available in the Internet at http://dnb.d-nb.de.
Any brand names and product names mentioned in this book are subject to trademark, brand or patent protection and are trademarks or registered trademarks of their respective holders. The use of brand names, product names, common names, trade names, product descriptions etc. even without a particular marking in this works is in no way to be construed to mean that such names may be regarded as unrestricted in respect of trademark and brand protection legislation and could thus be used by anyone.

Coverbild / Cover image: www.ingimage.com

Verlag / Publisher:
Fromm Verlag
ist ein Imprint der / is a trademark of
OmniScriptum GmbH & Co. KG
Heinrich-Böcking-Str. 6-8, 66121 Saarbrücken, Deutschland / Germany
Email: info@frommverlag.de

Herstellung: siehe letzte Seite /
Printed at: see last page
ISBN: 978-3-8416-0491-0

Copyright © 2014 OmniScriptum GmbH & Co. KG
Alle Rechte vorbehalten. / All rights reserved. Saarbrücken 2014

„Er führte mich hinaus ins Weite" (Ps 18,20)
Predigten zu Kreuz und Zukunft

Vorwort

Ich bin Christ – aus Überzeugung und mit ganzem Herzen. Ich bin Prediger – und verstehe meinen Beruf als Berufung. Jede Woche darf ich reden – über den wunderbaren Gott, den uns die Bibel bezeugt:

- über den Vater, Gott über der Welt, der uns erschaffen hat, der sein großes „Ja" über dieser Welt und meinem Leben gesprochen, bezeugt und durchgehalten hat
- über Jesus, den Sohn Gottes, Gott in der Welt, der sich aufgemacht hat, Mensch zu werden – einer <u>von</u> uns, einer <u>für</u> uns – und der sich selbst hingegeben hat zur Erlösung für die Welt und alles geteilt hat, woran wir zerbrechen
- über den Heiligen Geist, Gott in meinem Herzen, der mein Leben im Sinne Gottes gestaltet und meinen Glauben belebt

„Er führte mich hinaus ins Weite" – dieses Bekenntnis Davids, des großen Königs Israels, ist auch mein Bekenntnis geworden. Es gibt in der Christenheit viel Angst, Enge und Einseitigkeit. Vielleicht können die Predigten und Vorträge in diesem Buch dazu beitragen, dass der Glaube Weite gewinnt, dass ein ängstlicher Glaube neues, kindliches Vertrauen atmet, dass manche einseitigen und engführenden Überzeugungen hinterfragt werden und wir am Buch des Lebens neu das Leben lernen – ein Leben, das die Liebe Gottes rühmt und das von einer getrosten Hoffnung getragen ist, einer neuen Hoffnung für das eigene Leben, für die Welt, in der wir leben und für die Menschen, die wir lieben.

Volker Wiese, Uetersen, Juli 2014

Inhaltsverzeichnis:

Vorwort	S. 1

Was sagt mir Gott am Kreuz? – 5 Predigten zum Kreuz

Einleitende Gedanken	S. 5
Ja!	S. 8
Du bist geliebt!	S. 12
Alles ist gut!	S. 18
Du bist unendlich wertvoll!	S. 24
Ich bin überall bei Dir!	S. 29

Ewigkeitserwartung zwischen Allversöhnung und Massenhöllenfahrt	S. 35

„Zu richten die Lebenden und die Toten…" Was bedeutet das Gericht?	S. 41

Matthäus 25,31-46 „Selig durch Barmherzigkeit?"

Eine überraschende Wendung	S. 47

Über das Ziel der Geschichte
Predigten zu Himmel und Hölle

Die Hölle – Fiktion und Wahrheit	S. 53
Biblische Bilder vom Himmel 1	S. 60
Biblische Bilder vom Himmel 2	S. 66

Was sagt mir Gott am Kreuz?

Einleitende Gedanken:

Es ist ein Kreuz mit dem Kreuz – heute und damals!

Der Apostel Paulus sagt in 1.Korinther 1,22ff, dass die Juden Zeichen fordern und die Griechen nach Weisheit fragen. Paulus dagegen den gekreuzigten Christus predigt als Gottes Kraft und Weisheit.

Die von den Römern unterdrückten Juden fragen nach Zeichen – messianischen Zeichen –

- Zeichen der Macht aber doch bitte nicht des Leidens
- Zeichen einer exklusiven Erwählung aber doch bitte nicht einer weltweiten Liebeserklärung und Amnestie Gottes
- Zeichen eines befreiten Tempelgottesdienstes aber doch bitte nicht einer „universalen ecclesia" – einer herausgerufenen globalen Kirche
- Und die jüdischen Zeitgenossen ärgern sich – der Messias am Kreuz – ja geht's noch?

Die intellektuellen Griechen fragen nach Weisheit

- einer weltlichen Weisheit, die den Verstand schärft, ihn aber doch bitte nicht hoffnungslos überfordert und Unsinn zum Lebenssinn erklärt
- einer Weisheit, in der der wahrhaft Weise groß rauskommt, ohne sich die Finger schmutzig machen zu müssen
- einer flexiblen Weisheit, die einen Diskussionsspielraum offen lässt, aber doch bitte nicht als exklusive Wahrheit daherkommt, der man sich mit seinem Leben anvertrauen kann oder eben auch nicht
- Und die griechischen Zeitgenossen tippen sich an die Stirn – was für ein Blödsinn! Gott am Kreuz – lächerlich!

Und heute? Was bedeutet mir das Kreuz?

Im September 2012 saß ich im Rahmen eines Theologenkongresses in der Reinoldikirche in Dortmund zu einem Forum von 2 Professoren zu dem Thema „Einladend vom Kreuz reden!" Die Vorträge und die anschließende Aussprache waren ziemlich chaotisch. Die Referenten wussten sehr genau, was sie <u>nicht</u> wollten – nämlich vom Kreuz nur im Zusammenhang mit Sünde und Sühne zu reden. Leider fiel ihnen dann weiter auch nichts mehr ein, wie sie dies Geschehen denn sonst predigen oder deuten können.

Da habe ich mir als Aufgabe vom Kongress die Fragestellung mit nach Hause genommen: Wie würde ich denn einladend vom Kreuz reden?

Unter der Fragestellung: *Wie würde ich einladend vom Kreuz reden?* habe ich 5 Aussagen wahrgenommen. Warum ist das Kreuz so wichtig? Warum habe ich mich entschieden, einladend vom Kreuz zu reden? Was sagt mir Gott am Kreuz?

Wie bin ich auf dieses Thema gekommen und warum ist es wichtig?

Eigentlich waren es zwei Faktoren, die mich zu diesem Thema geführt haben:

Die Begegnung und das Forum in Dortmund. Leider können heute viele mit dem Kreuz nichts mehr anfangen. Ich denke nur an eine ehemalige Bischöfin, die vorschlug, die Krippe statt des Kreuzes zum Symbol der Christenheit zu machen. Fängt zwar auch mit „K" an, hat aber eine ganz andere Tendenz.

Der zweite Faktor, der mich zu diesem Thema geführt hat, sind Entdeckungen, die ich in der theologischen Arbeit im vergangenen Jahr selber gemacht habe, die mir der Geist Gottes auf's Herz gelegt hat. Die Geschichte und die Tatsache von der Menschwerdung Gottes hat mich ganz neu begeistert und mir neue spannende Facetten eröffnet. Deswegen möchte ich einladen zum Kreuz, zum Mann am Kreuz.

Die 5 Themen / Zusagen Gottes lauten:

„Ja!" / „Du bist geliebt!" / „Alles ist gut!" / „Du bist unendlich wertvoll!" / „Ich bin überall bei Dir!"

Was wünsche ich mir?

Ich wünsche mir, dass wir neu dankbar staunen können über Jesus und über seine Passion, sein Leiden und seine Leidenschaft für die Welt und für Dein und mein Leben!

Ich wünsche mir, dass das Kreuz ganz neu ein Ort wird, wo wir nicht nur als traurige Sünder ankommen und Vergebung erfahren – das auch, wo es dran ist-, aber darüber hinaus ein Ort, wo unsere tiefste Sehnsucht nach Gott gestillt wird.

Ich wünsche mir, dass wir mit neuer Leidenschaft und Begeisterung vom Kreuz reden können als von dem Ort, wo der lebendige Gott unser Leben berührt hat, uns segnet

Ich wünsche mir, dass wir Gott, unseren himmlischen Vater und seinen Sohn neu kennen und lieben lernen.

Was sagt mir Gott am Kreuz?

1. Zusage Gottes: „Ja!"

Alle vier Evangelien berichten über den Tod Jesu am Kreuz. Unvorstellbar – der Sohn Gottes stirbt am Kreuz. Was mich am meisten bei der Geschichte wundert, ist die unbestreitbare Tatsache, dass es die Welt am Ostersamstag noch gab, das nach Karfreitag nicht alles aus und die Welt am Ende war.

Und was empfindet der himmlische Vater hier? Kaltherzige Genugtuung, abkühlende Wut über die Welt? Ich bin überzeugt, dass Gottes Zorn und Wut über die Welt und ihre Missstände nicht größer war als am Karfreitag, zugleich aber auch sein Schmerz und sein Verlust. Aber wie ist das zu erklären? Gott hält all die Tränen und den Schmerz am Karfreitag aus. Warum?

Weil er eine Entscheidung konsequent durchhält, die er schon von Anbeginn der Welt getroffen hat – die Entscheidung, eine Welt zu wollen, Menschen zu wollen und mit ihnen zu leben komme was da wolle. Das Karfreitagsgeschehen ist eingebunden in eine Geschichte Gottes mit seiner Welt!

Warum hält Gott Tränen und Schmerz aus? Weil er sich an diesem Tag und an diesem Ort zum dritten und letzten und endgültigen Mal für die Welt entscheidet, „Ja" sagt zur Welt.

Das erste „Ja" spricht er bei der Schöpfung! Hinter dieser Schöpfung, hinter jedem Leben steht der Wille Gottes, sein „Ja" zum Leben, sein „Ja" zur Welt. Die Entscheidung, eine Welt zu wollen ist von Anfang getragen von dem „Ja" Gottes, das sich fortan in jeder Lage zu bewähren hat – und Gott weiß das! Gott sagt ja zur Welt und am Anfang können er und die Menschen noch staunen. Und schon im Paradies hat sich dieses „Ja" zum ersten Mal zu bewähren, als der Mensch ausbricht und sich selbst aus der Gemeinschaft mit seinem Schöpfer heraus torpediert. Gibt Gott auf? Beendet er das Experiment Mensch? Dann gäbe es uns heute nicht! Nein, er vernichtet den Menschen nicht und verzichtet nicht auf ihn! Gott gibt seine Menschen nicht auf! Er vertreibt ihn aus dem Paradies – nicht etwa, weil er ihn strafen, sondern weil er ihn bewahren will, ewig in diesem Zustand des Misstrauens leben zu müssen (1.Mose 3,22). Gott bewahrt auf diesem Wege seinen Menschen die Chance auf eine Ewigkeit, wie er sie sich vorstellt, die er mit uns Menschen erreichen möchte.

Gott bleibt dran – wenn auch unter neuen Vorzeichen und nicht mehr so ungetrübt wie am Anfang. Gott aber hat von Anfang an das Leiden gelernt an seiner Welt. Und er macht weiter!

Und ein zweites Mal hat sich Gottes „Ja" zur Welt zu bewähren am Ende der Sintflut. Was hat Gott für eine Wahl? Hat die Sintflut Noah und seine Familie verändert? Hat sie die Welt und das Herz des Menschen verändert? Nein! Die Begründung für das Kommen der Flut ist bezeichnenderweise die gleiche wie für ihr Ende und den Bund, den Gott mit der Welt schließt (1.Mose 6,5; 8,21).

Und deswegen hat der Schöpfer eine alte Entscheidung neu zu treffen: Entweder eine Welt ohne Menschen oder eine Welt mit Menschen, die auch durch eine Sintflut nicht zur Vernunft zu bringen sind. *„Mit solchen Menschen ist immer nur die zweitbeste aller Welten möglich"* (Christian Nürnberger) – aber genau für diese Welt entscheidet sich Gott als es aufhört zu regnen! Und er weiß gewiss, dass er sein „Ja" noch einmal, an einem ganz und gar entscheidenden Tag erneuern oder die Welt aufgeben muss. Gott bleibt dran, er macht weiter!

Und dann kommt der Tag, an dem Gott noch einmal – und diesmal endgültig und über alle Zweifel erhaben sein „Ja" zur Welt, seine Entscheidung zum Leben erneuern und bewähren muss, wenn er nicht an diesem Tag sein bisheriges „Ja" zur Welt als Irrtum und Fehlentscheidung offenbaren muss.

Gott hat am Karfreitag eine Alternative: Entweder gibt er den eigenen Sohn hin und rettet die Welt oder er gibt die Welt hin und reißt den geliebten Sohn aus den grausamen Händen der Menschen. Wir kennen die Entscheidung! Gott hält sein „Ja" zur Welt, gedacht, gelebt und gesprochen von Anfang an <u>auch an diesem Tag</u> durch – schmerzhafter, grausamer und angefochtener als jemals zuvor!

Pastor Wilfried Ahrens (Kiel): „Gott ringt am Kreuz - mit sich - um mich!"

Über Gottes Welt wird es finster, die Sonne verliert ihren Schein. Und der Vater hört auf die Bitte des Sohnes – denen zu vergeben, die nicht wissen, was sie tun! Jesus trägt am Kreuz das „Ja" Gottes zur Welt und er hält es über die Welt. Ist Gott für die Welt? Will er die Welt? Will er Dein und mein Leben? Sagt er „Ja" zu Dir und zu mir, wie kein Mensch es je tun kann? Die eindeutige Antwort gibt unserem Leben Halt und Sinn. Wir sind von Gott gewollt – mit einer Entscheidung bejaht, die nicht teurer sein könnte. Darum rede ich vom Kreuz. Darum staune ich über das Kreuz – Gott hält sein „Ja" zur Welt auch am Kreuz durch und bringt es gerade darin zur Vollendung, macht es gerade da zur unerschütterlichen Gewissheit!

Hast Du je daran gezweifelt, dass Dein himmlischer Vater Dich gewollt hat, dass er sein großes und entschiedenes „Ja" über Deinem Leben gesprochen hat? Hast Du es für möglich gehalten, er könne mit Dir nichts mehr anfangen oder dass Du es Dir verdienen müsstest, von ihm angenommen zu sein? <u>Dann schau auf das Kreuz!</u> Dort sagt er „Ja". Und mit seinem „Ja" ist eine herzliche Einladung verbunden. Dieses göttliche „Ja" zielt auf eine Antwort, es ist gleichsam eine Einladung zum Glauben, zu einer eigenen Entscheidung, zu Gott „Ja" zu sagen.

<u>Danny Plett singt in einem Lied: „Du sagst Ja"</u>

Du sagst Ja, aus Liebe sagst du vorbehaltlos Ja. Ja zu mir, Du kennst mich, dennoch sagst Du Ja! Sagst Ja und weißt doch von meinen Schwächen. Ja, trotz allem gilt dein Versprechen, dein Ja steht felsenfest an jedem Tag. Ich lebe von dem Ja, das nicht an Leistung denkt, vom Ja, das mir Vertrauen schenkt. Ich staune, ich hab es nicht verdient, dein Ja!

Ich sage Ja, ich danke dir und antworte mit Ja, ja zu dir, ich wage es denn du sagst Ja. Sagst Ja und weißt doch von meinen Schwächen. Ja, trotz allem gilt dein

Versprechen, dein Ja steht felsenfest an jedem Tag. Ich lebe von dem Ja, das nicht an Leistung denkt, vom Ja, das mir Vertrauen schenkt. Ich staune, ich hab es nicht verdient, dein Ja

Ich spreche ein Gebet – und ich lade ein, in der Stille meine Worte zu Euren eigenen Worten zu machen.

Himmlischer Vater, lieber HERR, Ich vertraue dir und weil Du zu mir Ja sagst, sage ich nun auch Ja zu dir, lege mein Leben, meine Vergangenheit, Gegenwart und Zukunft in deine Hand. Diese Welt und ihre Geschichte ist ein einzigartiger Beweis für Deine Treue, ein unerschütterliches Zeugnis Deiner Entscheidung für das Leben, für mich! Ganz offensichtlich lässt Du Dich durch gar nichts beirren in Deiner Entscheidung für die Welt. Das überzeugt mich! Ich danke Dir und will mit Dir leben! Wenn Du so mit solcher Konsequenz zu mir stehst, wie könntest Du je gegen mich sein? AMEN

Segen

Weil der lebendige Gott zu Dir „Ja" sagt, gibt es für Dich

Gnade, Liebe und lebendige Gemeinschaft.

Die befreiende Gnade unseres Herrn Jesus Christus

Die grenzenlose Liebe Gottes unseres himmlischen Vaters

Und die verändernde Gemeinschaft des Heiligen Geistes

ist mit Dir und trägt Dich!

Darum lade ich ein zum Kreuz! Gott sagt „Ja" zu mir am Kreuz! Und warum? Welches Motiv treibt ihn? Darum geht es im zweiten Teil: „Du bist geliebt!"

2. Zusage Gottes: „Du bist geliebt!"

Die erste Zusage: ein kleines Wörtchen, 2 Buchstaben mit ganz tiefer Bedeutung: *„Ja!" – Gott sagt Ja – zur Welt, zu Dir und zu mir.* Nicht einfach so, sondern mit einer geradezu atemberaubenden Konsequenz und Nachhaltigkeit.

Das erste und grundlegende Ja bei der **Schöpfung** findet seine Bestätigung nach der **Sintflut** und dann überragend an diesem Tag, als Jesus am Kreuz sein Leben gibt. Gott hält sein Ja zur Welt durch – im Leid, im Verlust, im Schmerz, im Angesicht des Todes des geliebten Sohnes – schmerzhafter, grausamer und angefochtener als jemals zuvor und doch gerade deswegen in letzter Konsequenz <u>so</u> gewiss und so klar über alle Zweifel erhaben.

In der Alternative Gottes am Karfreitag liegt die letzte Bewährung seines „Ja": Wen lässt er los und wen rettet er? Auf wen verzichtet er freiwillig und unter unsagbaren Schmerzen – auf den geliebten eigenen Sohn oder seine geliebte Welt, der er bis auf diesen Tag durch alles hindurch die Treue gehalten hat von Anbeginn der Zeit? Wie muss unser himmlischer Vater die Geschichte der Welt begleitet haben, wenn er weiß, dass alles auf diesen einen und letzten Tag der Entscheidung, der Bewährung zuläuft?

Gott bleibt der Welt treu. Sein „Ja" zur Welt bewährt sich auch am Karfreitag und gerade darin in letzter Konsequenz. Und nun geht es in der 2. Zusage um die Motivation.

Was lässt Gott so entscheiden und handeln? Was sehen wir am Kreuz? Was predigt uns das Kreuz? Was erkennen wir am Kreuz?

Am Kreuz erkennen wir die unfassbare Liebe, die Gott zur Welt hat! Am Kreuz lässt er uns tief in sein Herz sehen, in die Motive seines Handelns.

Es gibt Zitate aus der Bibel, in denen wir sofort das Geschehen am Kreuz in Verbindung bringen können mit der Liebe Gottes – z.B. Johannes 3,16.

Was auffällt: Jesus redet vom Verlust Gottes in der Vergangenheit - Der himmlische Vater hat offensichtlich schon da auf seinen Sohn verzichtet, als der die Schranken zwischen der sichtbaren und der unsichtbaren Welt durchbrach und vom Himmel zur Erde kam, Mensch wurde, einer <u>von</u> uns, einer <u>für</u> uns. An Jesus glauben, mit ihm zu leben bedeutet fortan, der Liebe Gottes zu glauben, <u>die auf alles, auf das Kostbarste, verzichtet, um sich der Welt zu beweisen</u>. Wir sollen nicht im Reich des Todes verloren gehen, sondern das ewige Leben gewinnen. Dieser Gedanke wird noch einmal im 5.Teil einen besonderen Schwerpunkt haben, wenn Gott mir am Kreuz sagt: *„Ich bin überall bei Dir."*

Wenn wir das einmal überlegen würden, mit welcher Konsequenz und in welcher Erwartung der himmlische Vater sich erdet, den Sohn sendet, was er aufgibt, was ihn seine **Entscheidung**, sein **Ja**, seine **Liebe** zur Welt kosten wird, <u>wenn wir Weihnachten mal aus der Perspektive Gottes predigen und feiern würden</u> – die Botschaft und das Fest hätte einen ganz anderen Charakter und wir würden noch mehr und viel andächtiger staunen über das Wunder der Menschwerdung Gottes und wir würden noch einen viel tieferen Bezug zum Sohn Gottes bekommen.

<u>In der Hingabe des Sohnes zeigt und beweist Gott seine Liebe zur Welt</u>! Und wir hören noch einmal Jesus, der die maximale Liebe, die größtmögliche Liebe beschreibt, eine Liebe, die sich hingeben kann und nicht einfach sinnlos opfert, sondern in der Hingabe die Welt und das Leben der Menschen verändert (Johannes 15,13)
Wie dieses „sein Leben lassen **für** seine Freunde…" aussieht, darüber werden wir uns im 3.Teil Gedanken machen, wenn Gott uns am Kreuz sagt: *„Alles ist gut!"*
Das Kreuz und die Liebe – eine seltsame Kombination, ein eigenartiger Zusammenhang und es stellt sich die Frage: <u>Missklang oder Symphonie?</u> Schließen sich hier die Dinge gegenseitig aus oder finden sie gerade hier zu einer überragenden Harmonie?
In der Bibel wird ja viel gesungen. Vom Lobgesang von Mose und Miriam über das Siegeslied der Richterin Deborah, über die Psalmen Davids zum Weinberglied des

Propheten Jesaja. Und im Neuen Testament finden wir auch ein berühmtes Lied, das genau von diesem Thema spricht: **Vom Kreuz und der Liebe**!
Das Hohelied der Liebe (1.Korinther 13,4-8.13) – komponiert für das Kreuz, in dieser Fülle und Tiefe uraufgeführt am Kreuz – kein abgedroschener Oldie sondern ein *„Evergreen für den Glauben"* durch alle Zeiten.

Ich bin davon überzeugt, dass Paulus hier von der Liebe Gottes redet, die sich gerade am Kreuz offenbart und unmissverständlich klar zeigt:

Die Liebe ist langmütig und freundlich,
Was für ein Wort: **Langmut** bedeutet nach Duden: *„ruhiges, beherrschtes, nachsichtiges Ertragen, große Geduld"*. Und ist das Kreuz nicht gerade der Höhepunkt der Geduld, der Langmut Gottes, der sein Ja zur Welt durch alle Zeiten und Krisen hindurch bewährt? Gott hat wahrlich Mut zur Länge – zu einer langen langen Weltgeschichte – von der Schöpfung bis hin zum Ziel, zur Neuschöpfung und Vollendung. Und mittendrin am Kreuz findet die Langmut ihre stärkste Bewährung und wirkt sie Heil für die Welt.
Diese Liebe ist freundlich, in Jesus ist diese Freundlichkeit Gottes auf der Welt erschienen (Titus 3,4).
In Jesus – am Kreuz - ist Gottes Freundlichkeit und Menschenliebe sichtbar geworden, nicht länger nur ein Objekt der Spekulation, sondern ein Ort der Gewissheit.

Die Liebe eifert nicht
Echte Liebe schlägt nicht um sich. Gott hätte allen Grund gehabt, die Welt zusammenzuschlagen, den Sohn aus den Händen der Menschen zu reißen. Er tat es nicht. Der himmlische Vater schlägt nicht um sich, er wendet sich im Schmerz nicht ab. Die Liebe eifert nicht.

Die Liebe treibt nicht Mutwillen
Wer liebt, der ist verlässlich treu! Gott spielt kein Spiel, niemals! Er ist nicht mal so mal so, mal Licht mal Finsternis, mal gut mal böse, mal lieb mal fies. Die Liebe treibt keinen Mutwillen. Am Kreuz zeigt uns Gott, dass er leidenschaftlich für uns ist! Nicht heute so und morgen anders! Das Kreuz ist der Fixpunkt einer verlässlichen Treue. An dem, was wir erleben, kann man dann und wann ins Zweifeln geraten. Aber am Kreuz wird unmissverständlich klar: Gott ist treu! Er gibt sich selbst hin. Wer immer an der Treue Gottes, an seiner Güte zweifeln mag, der schaue auf das Kreuz. Da wird sichtbar, wie klar und entschieden Gott für uns ist! Kein Eiertanz, kein doppeltes Spiel, keine Zweifel – kein Mutwillen! Keine Finsternis in ihm. ***Alles Gute kommt von oben! (Jakobus 1,17)***. Am Kreuz wird es ganz klar!

Die Liebe bläht sich nicht auf und verhält sich nicht ungehörig
Sie erhebt sich nicht über ihre Grenzen, sie maßt sich nicht an, was ihr nicht zusteht. Jesus geht am Kreuz aus Liebe konsequent den Weg der Hingabe. Er bricht nicht aus, er ändert nicht den Plan, **er bleibt – weil er liebt – am Kreuz**!

Die Liebe sucht nicht das Ihre
Jesus hängt nicht am Kreuz, weil er groß rauskommen will – Jesus Christ Superstar! Aus Liebe geht er diesen Weg, weil er nur eines im Sinn hat: Das Heil und die Rettung für die Welt! Was hat Satan nicht alles versucht: Mach aus den Steinen Brot, tu ein Wunder, lass dich feiern, bete mich an und ich geb dir die alle Schätze der Welt! Die Liebe Gottes in Jesus am Kreuz ist vorbehaltlos und allein der Welt zugewandt, Dir und mir! Die Liebe, die nicht das Ihre sucht, sondern nur und immer das Wohl und das Heil des anderen finden wir am Kreuz!

Die Liebe lässt sich nicht erbittern
Jesus wird nicht bitter. Er wütet nicht gegen seine Peiniger, flucht nicht, hadert nicht, liebt mitten in furchtbarsten Schmerzen und lässt sich darin nicht irritieren.

Die Liebe rechnet das Böse nicht zu
Im Gegenteil: Jesus betet für seine Folterer und Mörder um Vergebung!

Die Liebe freut sich nicht über die Ungerechtigkeit
Nein, sie kämpft gegen sie. Am Kreuz wirft sich Jesus gegen die Ungerechtigkeit der Welt, gegen die Verlorenheit, gegen die Wirklichkeit einer ungerechten Welt, die sich selbst aus der Gemeinschaft mit ihrem Schöpfer herausgeschleudert hat.

Die Liebe freut sich aber an der Wahrheit
Was lässt Jesus all das aushalten? Die Liebe – und die Liebe zur Wahrheit, die nach seinen eigenen Aussagen nicht nur eine Theorie, sondern eine Person ist. An Jesus und am Kreuz erkennen wir die Wahrheit über die Liebe Gottes.

Die Liebe erträgt alles
Alles, selbst grausame Schmerzen und Spott, Verachtung und den Tod.

Die Liebe glaubt alles
Am Kreuz vertraut sich Jesus dem Vater an, fühlt sich vollkommen verlassen und legt sein Leben doch in die Hand des Vaters.

Die Liebe hofft alles
Die Liebe am Kreuz hofft für die Welt, dass alles gut wird, dass das Leben über den Tod siegen wird, dass Gott und Mensch zusammenfinden und die Trennung endet.

Die Liebe duldet alles.
Die Liebe am Kreuz duldet alles – sie duldet es, dass der Mensch sich an Gottes Sohn vergreift, sie duldet es, dass der lebendige Gott den Tod schmeckt. Sie duldet es, dass Gott an der Welt zerbricht – um sie gerade darin zu befreien und zu heilen.

Die Liebe hört niemals auf

Und weil diese Liebe dass alles und so ist, ist sie ewig. Sie hört niemals auf. Sie rettet Leben. Ich denke bei diesem Text an Werner, der im Februar 2009 gestorben ist und die längste Zeit seines Lebens als überzeugter Atheist lebte. Die Begegnungen mit Werner in den Wochen vor seinem Tod gehören für mich zu den eindrücklichsten und emotionalsten Momenten meines Lebens. Nach der Beschäftigung mit einem Vortrag von Andreas Malessa auf einer Herbsttagung unseres Verbandes sagte Werner zwei Wochen vor seinem Tod zu mir: *„Volker, Du weißt ja, wenn es um den Glauben geht, dann habe ich nicht viel vorzuweisen. Ich habe 50 Jahre als Atheist gelebt. Aber wenn das wahr ist, dass die Liebe ewig ist und dass sie die größte ist – noch größer und stärker als Glaube und Hoffnung – dann werde ich doch ewig leben."* Malessa hatte im Blick auf 1.Korinther 13,13 gesagt: Wir hätten als überzeugte Christen wahrscheinlich den Glauben für das Größte und Entscheidende erklärt. Für Paulus aber ist es die Liebe, die Glaube und Hoffnung noch übersteigt. Und sie ist es, sie ist stärker und sie rettet.

Am Kreuz sagt mir mein Gott: *„Du bist geliebt!"* Sollten wir je daran zweifeln, dann finden wir genau hier einen Ort der Bestätigung und Vergewisserung! Gott ist die Liebe und die Liebe gibt sich hin am Kreuz. *„Du bist geliebt!" Ich bin geliebt. Gott liebt diese Welt! Und wir tragen diese Liebe in die Welt!*

3. Zusage Gottes: „Alles ist gut!"

Was sagt mir Gott am Kreuz? „Ja" – durch alle Zeiten hindurch und auch am bittersten Ort – „Ja" zur Welt – durchgehalten selbst im tiefsten Leid und Verlust am Kreuz. Und die Motivation? „Du bist geliebt!" – mit einer ewigen und unerschütterlichen Liebe, die sich durch nichts beirren lässt.

Nachdem wir bereits zwei Aussagen miteinander betrachtet haben, geht es heute **in der Mitte** dieser Predigtreihe **um die Mitte**, die zentrale Bedeutung des Kreuzes für das Heil einer sich von Gott seinem Schöpfer selbst distanzierenden Welt.

„Alles ist gut" sagt der Herr. Warum müssen wir das hören? Und was hat das Kreuz damit zu tun? Und wie verstehen wir das Geschehen dort richtig? Ist es so, wie wir es vielfach gelernt und uns das vorgestellt haben?

Die Sünde trennt uns von Gott. Nun ist Gott böse und braucht ein Opfer von Menschen, um besänftigt zu werden, damit sein Zorn gestillt wird und die Sünde einen Ausgleich findet. Ganz einfach – ganz nachvollziehbar oder?

Gott muss beruhigt, zufrieden gestellt, versöhnt werden. Er ist ein beleidigter, rachsüchtiger Gott. Das ist die eine Seite der Medaille.

Probleme:

Leiden und Sterben Jesu wird zu einer angemessenen Ersatzleistung zur Wiedergutmachung der Sünde. Damit begäbe sich Gott selbst unter ein Gesetz, dem er zu gehorchen hätte, dass er nämlich eine Gegenleistung, ein Opfer braucht um seinen Zorn zu kühlen.

In der ganzen Bibel aber wird immer wieder gesagt, es ist Gott selber, der versöhnt. Wie könnte es denn sein, dass er erst durch ein Opfer versöhnlich gestimmt werden müsste? *„Versöhnung ist nicht das Ergebnis einer Umstimmung Gottes durch Jesus. Es heißt doch nicht, dass Jesus Gott mit der Welt versöhnt hat"* (Dr. Andreas Loos).

Ich muss gestehen, dass ich in der Beschäftigung mit der Bibel an manchen Stellen ins Zweifeln gekommen bin mit einem traditionellen Verständnis des Kreuzgeschehens, eben mit dieser einen Seite der Medaille. Ich habe mich gefragt, ob man das Ganze nicht auch anders verstehen könnte – dass es eine andere Seite der Medaille, einen „Plan A" und einen „Plan B" geben könnte:

„Plan A" – Gott sendet seinen Sohn in die Welt, die ohne ihn lebt. Seine Vision: Er sendet den Sohn und die Welt nimmt ihn als König an und liebt ihn und betet ihn an als Sohn Gottes (z.B. Jesaja 2,1ff).

Matthäus 21: Im Gleichnis von den bösen Weingärtnern erzählt Jesus von einem Weinbergbesitzer, der seine Knechte schickt, um die Früchte zu holen. Alle wurden getötet. Zuletzt schickt er seinen Sohn, <u>weil er dachte: dem werden sie nichts tun</u>! Und sie brachten auch ihn um. Und Jesus wendet die Geschichte auf sich selbst an.

Eine andere Geschichte erzählt von Jesus, der über Jerusalem bittere Tränen weint, weil sein Volk nicht erkennt, was zu seinem Frieden dient. Könnte es nicht sein, dass Gott den Sohn schickt, um sich mit seinem Volk zu verbinden? Und dann würde sein Volk ihn als König anerkennen und dann würden auch die Heiden nach Zion Jerusalem pilgern und das Heil Gottes im König Israels finden. Und es würde sich erfüllen, was schon die alten Propheten geschaut haben. Und alles wäre gut.

Stattdessen bringen sie Jesus um. Jetzt greift **„Plan B"** – Wenn schon Tod, dann nicht umsonst! Jetzt hängt der Sohn Gottes am Kreuz und Gott entscheidet sich, alle Sünde mit an das Kreuz zu hängen, weil er die Welt nicht aufgibt und vernichten will.

Problem:

Dieses Modell nimmt die Aussagen nicht richtig ernst, die von einer Sendung zum Leiden sprechen. „Musste dies nicht alles geschehen…" – so lesen wir häufiger. War das Bild vom leidenden Gottesknecht in Jesaja 53 <u>eine</u> mögliche Option oder die Vorhersehung eines notwendigen Ereignisses? Gibt es ein Heil ohne Kreuz? Gibt es Versöhnung ohne Opfer?

Soweit die Gedanken zu „Plan A" und „Plan B". In der Vorbereitung auf diese Predigt habe ich <u>eine andere Medaille</u> entdeckt, die mir hilft, das Kreuz als Ort des Heils Gottes zu verstehen.

Ich habe dabei wertvolle Impulse gefunden bei Dr. Andreas Loos, Dozent auf dem theologischen Seminar St. Chrischona und danke ihm für die Erlaubnis, einige Gedanken hier einfließen zu lassen.

Der Mensch ist Sünder und als Sünder getrennt von Gott. Sünde ist Verweigerung der Liebe zu Gott, Beziehungs- und Bundesbruch. Gott respektiert diese Verweigerung der Liebe und entzieht sich dem Menschen. Aber er entzieht ihm nicht seine Liebe. In seiner Liebe bleibt er dem Menschen treu und will ihn zurückholen in die Gemeinschaft mit seinem Schöpfer.

Was die Sünde, die Aufkündigung der Liebe und des Gehorsams gegenüber dem Wort Gottes als Gesetz des Lebens gebracht hat, ist die Trennung und letztlich der Tod. Abseits von Gott stirbt man. In der Spur von Adam und Eva gilt das für jeden Menschen. Die Friedhöfe sind stumme Zeugen der Tragik. Und da liegen nicht die moralisch Gescheiterten, sondern alle, die von Gott getrennt sind – sonst lägen sie da nicht! Und auch wir werden ziemlich wahrscheinlich nicht drum herum kommen.

Die Sünde macht die Lebens- und Schöpfungsordnung kaputt. Sünde ist nicht ein Stück Torte zu viel oder das knappe Überfahren einer roten Ampel. Sünde ist nicht in 1.Linie dies und das sondern der Titel für die schlimmste Katastrophe – unsere Trennung von Gott. Und in dieser Trennung tut der Mensch, was ihm nicht gut tut – und er stirbt.

Gottes Recht und Gottes Ehre gelten nicht mehr und gerade sie sind der Grundpfeiler der Gemeinschaft, in der menschliches Leben erst möglich wird. Darüber ist Gott erbittert – nicht zuerst über den Menschen, sondern über das, was uns von ihm getrennt hat, was seinen Heils- und Liebeswillen verhindert und das Leben der Menschen zerstört. Als Jesus am Grab von Lazarus ergrimmt, da ergrimmt er sicher nicht über die Traurigkeit der Angehörigen – dann wäre er ein jämmerlicher Seelsorger – er ergrimmt über das, was der Tod mit den Menschen macht, er ergrimmt über den Tod – um ihn dann mit seiner Lebens- und Auferstehungskraft zu entmachten.

Diese Katastrophe der Trennung aber bedarf der Sühne. Sühne ist der Weg, den Gott wählt, um den Menschen in die Gemeinschaft mit ihm zurückzuholen.

Es braucht ein Sühnemittel, um zu überwinden, was uns zerstört. Das war ja schon im Alten Testament so, in der Opferpraxis Israels. Israel opfert und Gott ist gnädig! Richtig?

FALSCH!

Alle Versöhnung geht von Gott aus. Er ist der Versöhner und er selber schenkt alle Mittel zur Versöhnung, dass <u>wir mit ihm</u> versöhnt werden, <u>die Welt mit Gott</u>, nicht umgekehrt!

Gott gibt, was zur Versöhnung nötig ist, nicht der Mensch! Gott macht neue Gemeinschaft möglich, indem er die Sühne durch Gebote regelt und alle Mittel dazu bereitstellt. Dabei kommt dem Blut eine besondere Bedeutung zu, denn „Blut" bedeutet „Leben". Im Blut des Opfers wird die Trennung überwunden, kommt zu Gott zurück, was von ihm getrennt war und ewig von ihm getrennt bliebe, wenn er nicht den Weg zurück geöffnet hätte.

Es geht im Opfer also eben nicht um eine Handlung, Gott versöhnlich zu stimmen oder seinen Zorn zu beschwichtigen. Im Opfer versöhnt Gott selber und gibt auch noch selber, bestimmt, was dazu nötig ist. Nicht der Mensch versöhnt Gott, Gott versöhnt die Welt!

Die Opfer sind das sichtbare Zeichen der Selbsthingabe Gottes, der ewigen Liebe Gottes, die von Anfang an alles selber tut, um die Welt und ihre Menschen mit sich zu verbinden. Gott gibt alles, um uns aus dem Tod auszulösen, uns in das Leben zu ziehen. Schon im AT bedeutet das Opfer, dass Gott selbst das Lösegeld für die Gefangenen des Todes zahlt obwohl er selber der Geschädigte ist durch unsere Sünde.

Das Opfertier ist das Leben, das verloren war und nun stellvertretend zurück zu Gott gebracht wird.

<u>Gott ist nicht beleidigt, in seiner Ehre gekränkt, weil wir dies und das Gebot übertreten haben</u> – es geht viel tiefer: <u>Er hat uns verloren</u> – seine geliebten Menschenkinder verloren – an die Sünde und den Tod!

Und in der Sühne und im Opfer, das Gott selber gibt, schafft er Heil, überwindet er die Trennung, holt er sich unser Leben zurück und verbindet es mit sich selbst! **Durch das Opfer kommt der Sünder in Kontakt mit dem Heiligen, der Tod mit dem Leben.** Gott gibt die Erlaubnis und die Möglichkeit, ihm zu begegnen – **trotz** aller Schuld und **ohne** dass ich als Mensch in dieser Begegnung vergehen muss.

Der Alttestamentler Hartmut Gese schreibt: *„Die heiligende Sühne ist alles andere als nur ein negativer Vorgang einfacher Sündenbeseitigung oder bloßer Buße. Es ist ein Zu-Gott-Kommen durch das Todesgericht hindurch."*

Dr. A. Loos: *„Nicht Gott braucht die Sühne, sondern der Mensch! Sühne ist das souveräne Geschenk der Gnade Gottes an den Menschen. Die Gnade Gottes löscht den Menschen nicht aus, sondern macht ihn lebendig. Gott überwindet den Widerstand des Menschen und befähigt ihn, sein Leben Gott hinzugeben."*

Und so ist das Kreuz zu verstehen als Ort des Heils und der Rettung, der wiederhergestellten Gemeinschaft mit Gott. Es gibt kein kreuzloses Heil ohne heilloses Kreuz.

Der verlorene Mensch findet am Kreuz im Sohn Gottes den, der ihn mit Gott verbindet. Am Kreuz wird die Sünde vernichtet, der Tod getötet, Himmel und Erde miteinander verbunden, die Gemeinschaft zwischen Gott und Mensch wieder hergestellt.

GOTT kommt und zieht die Sünde und ihre tödlichen Folgen auf sich. Das Kreuz ist der Höhepunkt der Selbsthingabe Gottes, die von Gott schon von Anfang an sichtbar gelebt wurde.

Jesus ist für uns zur Sünde geworden (2.Korinther 5,21) – durch diese vollständige Identifikation ist sein Tod nun stellvertretend der Tod aller Menschen. Jesus bringt das Sühnopfer – aus Liebe stellt sich Gott unter die Schuld der Menschen und erträgt und trägt ihre tödlichen Folgen. Dabei handelt Jesus aus Liebe – zur Welt und Vater und stellt damit auch die Liebe zwischen beiden wieder her.

- **Jesus erstattet an Liebe, was wir Gott an Liebe schuldig blieben.**
- **Er erstattet an Gehorsam, was wir Gott an Gehorsam schuldig blieben.**

- Er erstattet an <u>Ehre</u>, was wir Gott an Ehre schuldig geblieben sind.
- Er erstattet unser <u>Leben</u>, das wir unserem himmlischen Vater geraubt haben.

Gott selbst gibt das Opfer, Gott selbst stellt es zur Verfügung indem er sich zur Verfügung stellt. Jesus schafft am Kreuz nicht die Möglichkeit der Versöhnung und des Heils, er erwirkt die Versöhnung und das Heil.

Oswald Chambers: „Das Letzte, was Jesus seinen Jüngern aufgetragen hat, war nicht, die Welt zu retten, sondern der Welt zu sagen, dass sie schon gerettet ist."

„Alles ist gut" sagt mir Jesus am Kreuz. Durch seine Hingabe und Liebe steht nichts mehr zwischen meinem himmlischen Vater und mir. Sünde und ihre tödlichen Folgen sind überwunden, die Trennung ist überwunden, das Leben hat über den Tod gesiegt – nicht erst am Ostermorgen, sondern schon am Kreuz, als das Blut, das Leben Jesu Erde und Himmel verbunden hat, Gott und Mensch zusammengeführt hat. Gott versöhnt die Welt – und wir sind herzlich eingeladen, uns an Jesus im Glauben und Vertrauen anzuschließen und das zu hören: **„Alles ist gut!"** Du bist versöhnt! Gott gab alles, damit Du leben kannst – bei ihm, vor ihm und mit ihm ewig leben kannst!

Seit Golgatha gibt es keine Schuld, die so schwer wäre, als dass Jesus sie nicht auf sich genommen hätte. Seit Golgatha gibt es keinen Schmerz, der für Gott größer sein könnte als das eigene Leiden, das Leiden am Tod des eigenen geliebten Sohnes, der aus Liebe zur Welt für die Welt sein Leben gab, um uns aus dem Tod zu reißen uns mit dem Himmel zu verbinden. **„Alles ist gut!"**

Und jetzt dürfen wir es einfach glauben und annehmen, weil es die befreiende Wirklichkeit ist.

3. Zusage Gottes: „Du bist unendlich wertvoll!"

Was ist ein Mensch wert?

Ein <u>Chemiker</u> sagt: Je nach Körpergröße und Gewicht Zwischen 10€ und 50€. Von den chemischen Bestandteilen her besteht der Erwachsene Mensch aus 68 Prozent Wasser (weniger als bei einer Qualle, aber immerhin auch 68%), 20 Prozent Kohlenstoff, 6 Prozent Sauerstoff, 2 Prozent Stickstoff und 4 Prozent Aschebestandteile, Minerale und Salze usw. Der Wert der Rohstoffe liegt zwischen 10 € und 50 €.

Ein <u>Manager</u> eines Energieunternehmens würde für einen Menschen über eine Million € ausgeben – denn soviel ist die Energie wert, die in den Zellen und Atomen unseres Körpers gespeichert ist und die unseren Organismus ein Leben lang am Laufen hält.

Bei <u>Versicherungen</u> kann man seinen Wert oder den Wert bestimmter Körperteile selbst festlegen – zahlt natürlich auch entsprechend:

Die Schauspielerin und Sängerin Jennifer Lopez hat z.B. ihren Po mit 27 Mio $ versichert. Gitarrist Keith Richards von den Rolling Stones versicherte seine Gitarristenfinger. 1990 brach er sich den Mittelfinger, drei Konzerte mussten abgesagt werden – Lloyds zahlte 1,5 Mio $.

Ein <u>afrikanisches Adoptivkind</u> inkl. aller Papiere kostet um 20.000 €.

Wenn ein <u>Suchtkranker</u> 10 Jahre früher stirbt als nötig, spart der Staat 220.000 € an Behandlungs- und Rehakosten und an Rente.

Was ist der Mensch wert?

Nun kann man den Wert eines Menschen nicht nur in € darstellen und berechnen. Es gibt auch die persönliche Erfahrung, wie man behandelt worden ist, ob mir da einer durch sein Verhalten, seine Liebe, seine Wertschätzung und Ermutigung gezeigt hat, wie wertvoll ich für ihn bin oder eben auch nicht.

Gerade die Menschen, die einem am nächsten stehen und von denen man am abhängigsten ist haben die größte Verantwortung, Menschen in ihrem Lebenswert zu fördern. Eltern und Lehrer können Menschen derart in ihrem Wert beschädigen, dass sie sich ihr Leben lang wie der letzte Dreck vorkommen und nur ganz ganz schwer einen Zugang zum Wert ihres eigenen Lebens finden. Die Folgen einer solchen Entwertung sind fatal.

Es gibt diverse Formen von **Missbrauch**:

den körperlichen Missbrauch durch Gewalt, den emotionalen Missbrauch (z.B. durch Liebesentzug, Ablehnung, Ignorierung, Demütigung, Bedrohung und Abwertung), den geistlichen Missbrauch, wenn man religiös unter Druck gesetzt wird, wenn die eigene Angst, Enge und Prägung zum Maßstab für echten und wahren Glauben wird.

Oder es wurden fremde Ideale und Ziele in einen hinein projiziert und man musste das leisten und erreichen, was z.B. die Eltern nicht erreicht haben – oft dann mit dem gut gemeinten Satz motiviert: *„Unsere Kinder sollen es mal besser haben als wir."*

Der Mensch ist einfach genial in der Erfindung von Varianten, andere Menschen zu entwerten, ihnen das Gefühl zu geben, sie taugen nichts und sind nichts wert.

Was ist der Mensch wert?

Ein 5€- Schein bleibt immer gleich viel wert, ganz egal, ob ich ihn auf Murmelgröße zusammenknülle, ihn auf den Boden werfe und auf ihm herumtrampel. Es spielt offensichtlich keine Rolle, was ich mit diesem Geldschein mache. Er behält seinen Wert. Warum? Weil der Wert nicht durch das Material definiert ist, auch nicht durch den Umgang damit, sondern weil sein Wert von einer höheren Instanz festgelegt und garantiert wird.

Ist das nicht auch ein schönes Bild für unser Leben?

In unserem Leben kann es passieren, dass wir zerknüllt, abgewiesen, missbraucht, beschimpft und zertreten werden, entwertet von Menschen oder Ereignissen. Und doch ist unser Leben wertvoll, weil unser Wert von einer höheren Instanz festgelegt und garantiert wird: Von ganz oben - Von Gott nämlich!

Wir müssen den Wert unseres Lebens nicht selber definieren, festlegen. Nicht die Chemiker, die Energiemanager, die Versicherungsagenten auch nicht die Menschen, die für mich verantwortlich waren, sagen mir, was ich wert bin. Was ich wert bin, sagt mir mein Gott, der mich für so genial und wertvoll hielt, dass er mich der Welt schenken wollte. Und das gilt für jeden einzelnen Menschen.

Wir sind von Gott gemacht, echte Handarbeit sozusagen und mit Ehre und Herrlichkeit gekrönt! (Psalm 8,5). Dazu sind wir erlöst mit einem kostbaren Gut – dem Blut Jesu (1.Petrus 1,18f).

Und da kommt unser Thema ins Blickfeld. Was sagt mir Gott am Kreuz? Was höre ich vom Kreuz her?

Drei Aussagen haben wir schon miteinander bedacht: Gott sagt *„Ja"* zu uns, hält sein ja durch. Und er sagt: *„Du bist geliebt!"* Jesus gab sein Leben, sich selbst hin – aus Liebe. Und er sagt mir am Kreuz: *„Alles ist gut!"* Hier ist der Ort, wo Du alles abladen kannst, was Dein Leben, Deine Geschichte, Dein Gewissen beschwert, was Deine Beziehung zu Deinem himmlischen Vater zerstört hat. Das Kreuz ist stark genug, alles zu tragen, was uns kaputt macht, was uns entwertet und belastet.

Und die vierte Aussage ist: *„Du bist unendlich wertvoll!"* Was mein Leben wert ist, erkenne ich an dem Gegenwert, der mich auf der Waage aufwiegt: Sein Leben für mein Leben, Gott für mich. Jesus gibt sein Leben hin für die Welt – was sage ich, nicht für die Welt, für Dich und mich – so, als ob ich der einzige Mensch auf der Welt wäre, der diese Hingabe nötig hätte.

Was für ein Wert: Und wenn alle Menschen okay wären und wenn keiner, kein Mensch seine Hingabe bräuchte – <u>nur ich, nur ich</u> und sonst niemand auf der ganzen Welt in allen Jahrtausenden – Jesus hätte es auch nur für mich, für mich ganz allein getan! Nur für mich gab er sein Leben. Als er rief – oder wohl besser hauchte: „Es ist vollbracht" – da hat er nur an mich gedacht – und an Dich und an jeden anderen einzelnen Menschen.

An dem, was er für mich investiert erkenne ich den Wert meines Lebens. An Jesus erkenne ich, was ich Gott wert bin! Niemand kann mir diesen Wert rauben. Und wenn ich meinen Wert suche, weil man ihn mir geraubt hat, weil ich entwertet wurde, weil ich mich wie ein Stück Dreck fühle, dann darf ich von Jesus her neu hören, was ich wert bin – ein Wert, der keiner Inflation unterliegt, ein Wert, der durch nichts zu zerstören ist. Gott hat nicht nur Worte gemacht, als er mir sagt, dass er mich liebt! Gott hat sich in Jesus selbst für mich hingegeben. Es sind nicht die hehren Worte, es ist die unfassbare mächtige Tat, die Hingabe seines Lebens, die mir beweist, wie wichtig ich ihm bin, wie wertvoll und kostbar mein Leben <u>vor ihm</u> und <u>für ihn</u> und <u>durch ihn</u> ist. Du und ich – wir sind Gott seinen eigenen Sohn wert!

Da am Kreuz hängt der Gegenwert meines Lebens. So wichtig, so wertvoll, so kostbar bin ich Gott!

Und noch eines ist wichtig: Das ist jetzt nicht das schnelle *„heile heile Gänschen, es wird schon wieder gut"* für die Katastrophe erlittener Entwertung, das ist vielleicht ein lebenslanger Prozess, diese Erfahrung und die Folgen zu bearbeiten. Aber in allem Auf und Ab des Lebens gibt es **einen** festen Anker. Gott, mein Schöpfer, ist für mich, von ihm bekomme ich einen Wert, der nicht zu zerstören ist. Für den Herrn, der mich der Welt gab und der am Ziel wieder auf mich wartet, ist mein Wert klar! Das Kreuz zeigt uns zweifellos den Wert unseres Lebens. Vom Kreuz höre ich Gott, der Dir und mir sagt: *„Du bist unendlich wertvoll!"* Ich habe alles für Dich gegeben – weil Du es wert bist!

Im Abendmahl z.B. erkennen und feiern wir den Wert unseres Lebens im Gegenwert der Hingabe Jesu (1.Petrus 1,18f).

Der Einsatz, den Jesus für mich leistet, definiert den Gegenwert meines Lebens.

Was wir Gott wert sind, dürfen wir nicht nur hören, wir dürfen diesen Wert immer neu empfangen – in den Gaben des Abendmahls, in denen Jesus zu uns kommt.

<u>Er teilt unser Leben</u> bis in die letzten und tiefsten Abgründe, damit wir nicht einmal im Sterben und Tod mehr gottlos und allein sind. Sein Leib ist zerbrechlich wie unser und wird zerbrochen am Kreuz.

<u>Und wir teilen sein Leben</u> und alles, was er an Heil für uns bereit hält. Sein Leib ist der Auferstehungsleib der Ewigkeit, mit dem auch wir aus den Gräbern ins ewige Leben gerufen werden.

<u>Und sein Leib ist die Gemeinschaft seiner Kinder</u>, eine weltumspannende starke Truppe. Wir sind nicht allein – wir gehören zusammen mit den großen Kirchen dieser Welt und den einsam Verfolgten, mit den Menschen unterschiedlichster Konfessionen, die zwar eine unterschiedliche Entwicklung hatten aber die sich zu Jesus Christus als Herr und König bekennen. Und welche eine Befreiung, wenn der Kelch von einem zum anderen geht und einer dem anderen sagen darf: <u>Im Namen Jesu: es ist alles gut!</u> Nichts steht zwischen Dir und Deinem Gott. Jesus hat alles bereinigt. Glaube es und es ist gewiss so!

5. Zusage Gottes: „Ich bin überall bei dir!"

Das Leid - eine Katastrophe, manchmal wie ein Blitz aus heiterem Himmel – unberechenbar schlägt das Leid zu. Manchmal kommt es schleichend und unhörbar – breitet sich aus in Körpern und Beziehungen – erst unmerklich und dann mit brutaler Macht. Und wir sind die Leid-tragenden.

Und wenn wir Christen sind, dann haben wir zu dem, was wir ertragen und tragen müssen, noch ein zusätzliches Problem: Dann glauben wir an einen Gott, der so viel Power hatte, die Welt zu erschaffen und der so viel Power hat, uns später mal aus dem Grab in den Himmel, ewig in seine Gegenwart zu holen. Und der offensichtlich nicht in der Lage ist, dieses verdammte Leid zu beenden. Entweder steht er ohnmächtig daneben oder er will es sogar! Logisch ist das Problem nicht zu lösen.

Es ist doch so: Wenn es einen allmächtigen, gütigen und liebevollen Gott gibt, dann dürfte es kein Leid geben. Gott ist allmächtig, sonst wäre er nicht Gott. Die spannende Frage ist nur, warum er seine Allmacht nicht nutzt, das Leid zu beenden. Ist er allmächtig, dann ist er aber offensichtlich nicht gütig. Wie aber kann er gütig und liebevoll sein, wenn Menschen leiden müssen?

Im Angesicht vom Leid fangen selbst manche Atheisten an, nach Gott zu fragen. Und was können sie hören?

Wie ist das mit Gott und dem Leid?

Man sucht Erklärungsversuche. Es gibt aber keine letzte Erklärung, die alle Fragen beantwortet, die uns rundum zufrieden stellen könnte. Dann hätte von den Tausenden Büchern zu diesem Thema wohl eines schon die Frage umfassend beantwortet.

Man sagt: Gott ist eben unergründlich und auch das Leid ist es.

Ich glaube nicht an einen willkürlichen und unberechenbaren Gott. Dieser Gott will, dass ich ihn liebe, ihm vertraue jeden Tag aus vollem Herzen. Von meiner Frau stammt ein geniales Bild, eine geniale Frage zu dieser Problematik. In einem

Gespräch, in dem es um dieses Thema ging, stellte sie unserem Gast mal die Frage: *„Könntest Du Deiner Frau von ganzem Herzen vertrauen, sie von ganzem Herzen lieben, wenn Du ständig Angst haben müsstest, dass sie Dir am nächsten Tag Gift ins Essen mischt?"*

Glaubt wirklich jemand, dass es möglich wäre, Gott zu lieben, wenn man beständig diese Angst haben müsste, dass er mir am nächsten Tag Gift ins Essen mischt – oder Leid ins Leben streut, das mich fassungslos macht und mich umbringt? Nein, so einen Gott kann man nicht lieben. Warum will er es aber dann so sehr? Warum ist er denn nicht einfach damit zufrieden, dass wir vor ihm zittern? Eben weil Gott die Liebe ist und weil er liebt und weil er will, dass wir ihn lieben und weil die Liebe niemanden zwingt und auch niemandem schaden will.

Man sagt: Gott will und steuert das Leid.

Gott aber sagt: Ich will dir meine Gedanken verraten: Ich habe Gedanken des Friedens und nicht des Leides über Dir. Zukunft und Hoffnung will ich dir geben (Jeremia 29,11). Und wir lesen, dass Gott nicht gleichzeitig Licht und Finsternis ist (Jakobus 1,17). Gott spielt kein Spiel, niemals! Er ist nicht mal so mal so, mal Licht mal Finsternis, mal gut mal böse, mal lieb mal fies. Und Gott versucht auch niemanden, dass er strauchelt und fällt. Nein, ich bin überzeugt: Gott **will** das Leid nicht, **freut** sich nicht am Leid, **steuert** es nicht, **plant** es nicht.

Man sagt: Das Leid des Menschen ist die Folge seiner Sünde.

Die Bibel ist ein einziger Aufschrei gegen diese Denken. Jesus weist seine Jünger zurecht, als sie so denken (Johannes 9,1ff). Hiob leidet ohne eigenes Verschulden, weil er eine Wette für Gott gewinnt ohne es zu wissen – was für eine verrückte Geschichte. Hiob beweist dem Satan, dass es Menschen gibt, die Gott um seiner selbst willen lieben und nicht, weil der Glaube nur ein Deal, ein Geschäft wäre. Und Gott ist von Anfang an überzeugt davon, dass Hiob die Wette für ihn gewinnt.

In der Bibel klagen Menschen, warum es den Gottlosen so gut geht und die Frommen so viele Probleme haben. Und Gott lässt seine Sonne scheinen über Gerechte und Ungerechte. Nein, auch diese Erklärung passt nicht – jedenfalls nicht so pauschal. Natürlich gibt es Situationen, wo Leid die Folge eines menschlichen Fehlverhaltens sein kann – aber dann kommt es erst recht nicht von Gott.

Gott und das Leid – wie um alles in der Welt stellen wir da eine Verbindung her, die uns hilft? Wie können wir Gott lieben und ihm von Herzen vertrauen trotz des Leides?

Gott nimmt uns an die Hand und führt uns an einen Ort, an dem er uns zeigt, was er mit dem Leid zu tun hat. Es gibt einen Ort, an dem alle Anklagen gegen Gott und alle Zweifel an Gott ins Wanken kommen müssen – das Kreuz!

Seit ein paar Wochen beschäftigen wir uns in den Gottesdiensten mit der Frage: „Was sagt mir Gott am Kreuz?" Und da haben wir bisher 4 Aussagen gehört:

Gott sagt „Ja" zur Welt – zu Dir und mir. Das „Ja", das er bei der Erschaffung der Welt sprach und nach der Sintflut bestätigte, das findet am Kreuz noch einmal eine letzte, endgültige Bewährung – schmerzhafter, grausamer, angefochtener als je zuvor. Gott hat die Wahl – das Leben der Welt gegen das Leben des Sohnes – und er lässt den Sohn los und entscheidet sich für die Welt! GOTT SAGT JA mit einer für ihn tödlichen Klarheit und Entschiedenheit und in einer für uns unzweifelhaften Gewissheit.

Gott sagt: „Du bist geliebt!" Denn was er da tat, das tat er aus Liebe. Liebe – das ist sein Motiv, seine Motivation. Jesus sagt: Keiner hat größere Liebe als einer, der sein Leben für andere lässt. Am Kreuz beweist Gott seine Liebe zur Welt bis in den Tod.

Gott sagt: „Alles ist gut!" Und dann ist das Kreuz der Ort, wo wir entlastet werden, wo wir alles abladen dürfen, was unser Leben blockiert, was unsere Beziehung zu Gott und zu Menschen belastet und beschwert, was uns kaputt macht. Das Kreuz ist der Ort der Entlastung und Vergebung. Jesus nimmt alle Schuld mit an das Kreuz, er entlastet die ganze Welt, bezahlt den Preis für unsere Erlösung und erstattet alles, was wir schuldig bleiben.

Und Gott sagt: „Du bist unendlich wertvoll". Am Kreuz finde ich den Gegenwert meines Lebens. Der Sohn Gottes wiegt unser Leben auf. Und wenn Du der einzige Mensch auf der Welt gewesen wärst, der diese Hingabe nötig gehabt hätte – Jesus hätte es nur für Dich getan! Soviel bist Du Gott wert, soviel bin ich Gott wert! Vom Kreuz höre ich Gott, der Dir und mir sagt: *„Du bist unendlich wertvoll!"* Ich habe alles für Dich gegeben – weil Du es wert bist!

Und heute hören wir noch einmal Gott, der uns am Kreuz sagt: **„Ich bin überall bei Dir!"**

Und was bedeutet das für das furchtbare Thema „Leid"? Es bedeutet, dass Gott eben nicht aus der Ferne als Unbeteiligter das Leid lenkt, sondern sich selber dem Leid aussetzt, der sich hineinwirft in das Leid der Welt – nicht als Zuschauer sondern als Mitleidender!

In einem Manuskript geht **Dr. Andreas Loos**, Dozent auf dem theologischen Seminar St.Chrischona, der spannenden Frage nach: *„Ich leide, Gott – und du?"*

Warum haut Gott mit seiner Allmacht nicht einfach dazwischen und beendet alles Leid?

„In seiner Liebe hat Gott sich selbst dazu bestimmt, seine heilvollen Ziele mit den Menschen nicht durch Manipulation, Zwang oder Gewalt zu erreichen, sondern eben in Liebe. Man kann hier von einer Selbstbeschränkung Gottes sprechen. Gott kann die Sünde, das Übel, das Leid daher nicht durch einen zwingenden Allmachtsakt aus der Welt schaffen. Die Liebe nimmt daher die Gestalt der Niedrigkeit, der Verlegenheit und sogar der Schwachheit an. Gott selber erleidet die Folgen, die sich aus dem sündigen Missbrauch der Freiheit ergeben, jener Freiheit, zu der Gott den Menschen in seiner Liebe bestimmt und ermächtigt hat."

Wer hängt da am Kreuz? Es ist Jesus, der Sohn Gottes, in dem der große, allmächtige Gott Mensch geworden ist – und zwar Mensch all inclusive, Mensch von A-Z, von der Zeugung bis ins Grab. Gott lässt bei der „Aktion Menschwerdung" nichts aus – gar nichts!

Da am Kreuz, da **schreit er meinen Schrei**: Mein Gott, warum hast Du mich verlassen? **Er weint** meine Tränen, **er teilt meine Verzweiflung**, **er fürchtet** sich mit meiner Angst, **er erträgt** meine Schmerzen, **er stirbt** meinen Tod.

<u>Hilft mir das?</u> Hätte ich nicht lieber einen Gott, der machtvoll alles Leid zerstört anstatt selber an ihm zu krepieren? <u>Habe ich was davon</u>, dass es Gott genauso dreckig geht wie mir, ja noch dreckiger, weil sein Absturz noch viel tiefer ist? Wir stürzen nur aus der Welt in den Tod. Gottes Sohn stürzt aus dem Himmel in den Tod.

<u>Ja, ich habe was davon!</u>

Hier am Kreuz kommt meine verzweifelte Anklage gegen Gott ins Wanken. Am Kreuz lerne ich Gott kennen als einen, der nicht für das Leid verantwortlich ist, sondern der selber ein Opfer des Leids, der Gewalt, der Sünde wird.

Am Kreuz finde ich Gott nicht hoch oben sondern ganz unten, nicht strahlend auf einem himmlischen Thron sondern blutig mitten im Dreck. Und was heißt das?

<u>Und das ist jetzt für mich der entscheidende Punkt bei diesem Thema:</u>

Wenn Gott den Tod nicht erlebt hätte, wenn das Totenreich außerhalb seiner Erfahrungen und Gegenwart geblieben wäre, dann hätte es einen Ort gegeben, diesen einen Ort, wo Gott nicht wäre, wo ich ihn und er mich für immer verloren hätte.

Jetzt gibt es keinen Ort mehr, keinen Abgrund, kein Tal, an dem Gott nicht an meiner Seite wäre, wo er nicht bei mir wäre, wo mir mitten im Tod nicht das Leben nahe wäre. **Jetzt** – und wirklich erst jetzt nach Kreuz und Grab ist Gott überall da, wo ich bin, um mich abzuholen wo ich bin – und nicht da, wo ich gerne wäre oder wo er mich gerne hätte.

<u>Sind damit die Fragen nach dem Leid beantwortet?</u> Nein, aber wir haben am Kreuz einen Ort, wo unser Vertrauen und unsere Liebe zu Gott neue Nahrung bekommt, wo wir getröstet werden, wo Gott uns begegnet auf der Ebene auf der wir sind! <u>Ich möchte nie wieder ohne das Kreuz über das Leid nachdenken.</u> Gott sagt mir: nie mehr

sollst Du in Deinem Leid allein und verlassen sein. Ich bin bei Dir. Und weil ich Dein Leid, Deine Schmerzen und Deinen Tod teile, darum sollst Du nun auch mein Leben teilen.

Vielleicht ist uns der Gedanke ganz neu, dass Gott nicht das Leid steuert, sondern sich als mitleidender Gott an unsere Seite stellt und unser Glaube, unser Gottvertrauen ist schwach und angefochten. Vielleicht sind kleine Saatkörner des Zweifels in unser bisheriges Gottesbild gestreut worden. Vielleicht ist neu die Sehnsucht nach Glauben, Vertrauen und Liebe in uns geweckt worden

Ich bin überall bei dir! Oder: *Ich bin immer für dich da* – auch wenn Du diese Botschaft nur bruchstückhaft glauben kannst. Aber der Glaube, das Gottvertrauen, die Liebe zu Gott darf wachsen denn die Zusage ist klar und wahr:

Was sagt mir Gott am Kreuz? *„Ich bin überall bei dir! – Überall!"*

SEGEN

Gott sagt mir am Kreuz: Ich bin überall bei dir!

Deswegen gibt es an jedem Tag, in jeder Nacht und an jedem Ort **einen, der dich liebt.**

Deswegen gibt es an jedem Tag, in jeder Nacht und an jedem Ort **einen, der dich versteht.**

Deswegen gibt es an jedem Tag, in jeder Nacht und an jedem Ort **einen, der dir beisteht.**

Jesus sagt: Ich bin bei euch alle Tage bis an das Ende der Welt!

Geh im Frieden gestärkt mit Glaube, Hoffnung und Liebe!

„Ewigkeitserwartung zwischen Allversöhnung und Massenhöllenfahrt"

1. Einleitende Gedanken

Wer wird selig? Wer kommt in den Himmel? Wem schenkt Gott ewiges Leben? Diese Frage gehört zu den wichtigsten Fragen des Lebens, denn sie weist über unsere Jahre und Jahrzehnte hinaus zum Ziel des Lebens, zur Ewigkeit. Nun wird sich vielleicht mancher Leser verwundert fragen: Was soll denn das jetzt?

Das ist doch ganz klar: Selig wird der, der an Jesus glaubt, der eine persönliche Umkehr erlebt hat, der sich bekehrt hat. Naja, sagt ein Zweiter, oder dem Gott eben gnädig ist. Ein Dritter glaubt: Selig wird der, für den andere in festem Glauben und getroster Gewissheit fürbittend und fürglaubend beharrlich an die Himmelstür geklopft haben. Ein Vierter meint: Nein, wer getauft und konfirmiert ist.

Entschuldigung - Was ist hier eigentlich klar?

Das ist doch ganz klar: Nur wenige gehen durch die enge Pforte (Matth 7,13) - ja aber der Himmel wird doch wimmeln von Menschen (Off 7,9). Was ist hier eigentlich klar?

Wer sich ernsthaft mit dieser Frage beschäftigt, der merkt sehr schnell, dass die Antwort gar nicht so glasklar und eindeutig ist, wie es den Anschein hat.

Es ist ganz entscheidend, von welcher Seite man sich der Frage nähert:

- *Z.B. biblisch-theologisch* (ich schlage in der Bibel nach und danach lege ich mich auf eine bestimmte Position fest - leider oft unter Missachtung der Stellen, die für eine andere Position sprechen s.u.)
- *Z.B. traditionell* (worin ich unterwiesen wurde, was ich gelernt habe, was in meiner Gemeinde oder in meinem Verband traditionell gelehrt wurde)

- *Z.B. seelsorgerlich* (im Gespräch mit Menschen, die sich sorgen im Blick auf ihre ewige Zukunft und andere, die sich Sorgen machen um ihre Liebsten bekommt das Thema noch eine ganz andere Dimension)
- *Z.B. apologetisch* (die eigene, natürlich wahrhaft einzige biblische Überzeugung steht im modernen Wettstreit mit anderen und hat sich zu bewähren, damit die richtige und reine Lehre auch weiterhin zu Wort kommt)

Die Antwort auf die Frage „Wer wird selig?" bewegt sich zwischen den beiden Extrempolen „Allversöhnung" und „Massenhöllenfahrt".

2. Begriffsdefinition

Was meine ich, wenn ich von Allversöhnung und Massenhöllenfahrt spreche?

2.1 Allversöhnung

Die Gnade Gottes und das Opfer Jesu reichen aus, um <u>alle</u> Menschen selig zu machen, in den Himmel zu bringen und zwar völlig unabhängig von ihrem Glauben und ihren Werken. Im Himmel wird es wimmeln, die Hölle wird nicht mehr gebraucht!

2.2 Massenhöllenfahrt

Nur wer sich bekehrt hat, wer eine persönliche und bewusste Entscheidung für Jesus getroffen hat, wird selig. <u>Alle anderen</u> gehen verloren, enden in der Hölle. Im Himmel wird es sehr einsam sein - weiter Raum für eine kleine Schar!

Was ist denn nun? Sind wir alle kleine Sünderlein und kommen alle, alle in den Himmel oder landen alle in der Hölle, die keine persönliche bewusste entschiedene Bekehrung erlebt haben?

Was dürfen wir erwarten im Blick auf die Ewigkeit zwischen diesen beiden extremen Polen? Und welche Auswirkungen haben diese beiden Positionen auf das Lebensgefühl und die Verkündigung? Dürfen wir im Blick auf die Ewigkeit fröhlich hoffen oder müssen wir uns ängstlich sorgen?

3. Konsequenzen für Lebensgefühl und Verkündigung

(Nach einer Ausarbeitung von Prediger Sebastian Bublies, Süderbrarup):

3.1 umfassende Allversöhnung

3.1.1 Beschreibung: Wir kommen alle, alle in den Himmel und zwar sofort nach unserem Ableben!

3.1.2 Argument: Gottes Liebe kann nicht anders und gibt niemanden verloren.

3.1.3 Lebensgefühl: vollkommen sorglos, Jesus wird's schon richten!

3.1.4 Verkündigung: Sorglos, sanft, vielleicht seicht und oberflächlich, streichelnd

3.2 abgestufte Allversöhnung

3.2.1 Beschreibung: Alle kommen in den Himmel, aber nicht alle unmittelbar, manche erst nach Läuterungsstufen (Fegefeuer z.B.)

3.2.2 Argument: Auf Grund der unterschiedlichen Lebensweisen der Menschen erfordert die ausgleichende Gerechtigkeit Gottes eine unterschiedliche Behandlung im Jenseits

3.2.3 Lebensgefühl: unbehaglich, ambitioniert, arrogant (je nach Beurteilung der eigenen Perspektive)

3.2.4 Verkündigung: beschwichtigend, ggf mit moralischen Akzenten

3.3 Massenhöllenfahrt mit dem Wissen um eine Erlösung

3.3.1 Beschreibung: Die unerlöste Welt geht in der Verdammnis unter

3.3.2 Argument: Gottes ausgleichende Gerechtigkeit erfordert eine endgültige Scheidung zwischen Glaubenden und Nichtglaubenden

3.3.3 Lebensgefühl: im Blick auf mich selber: eine (besorgte) Glaubenspflege / im Blick auf andere: ängstlich, besorgt, missionarisch

3.3.4 Verkündigung: Intensive und innere Jesus-Beziehung und auf der anderen Seite ein drängender, drohender Bekehrungsappell

3.4 Massenhöllenfahrt mit eigener Heilssicherheit

3.4.1 Beschreibung: Die böse Welt geht in der Verdammnis unter

3.4.2 Argument: Gottes ausgleichende Gerechtigkeit erfordert eine endgültige Scheidung zwischen Böse (die anderen) und Gut (ich).

3.4.3 Lebensgefühl: selbstgerecht, überheblich, im Extrem hämisch

3.4.4 Verkündigung: Präsentation des eigenen gottgefälligen Lebens und orthodoxer theologischer Positionen, moralisch

Was dürfen wir glauben und hoffen und wie haben wir Ewigkeitserwartung zu verkündigen? Dazu einige Beobachtungen:

4. Die Trilogie der Hoffnung im Wort Gottes

Wer wird selig? Ich nehme in der Bibel drei Gruppen von Menschen wahr, für die ich diese Hoffnung habe, dass ihr Leben in die ewige Gemeinschaft mit Jesus mündet:

4.1 Wer selber an Jesus glaubt und ihm von Herzen vertraut

Nachzulesen u.a. in Johannes 3,16.36a; 11,25.

In diesem Punkt gibt es wohl unter überzeugten Christen die größte Übereinstimmung. Selig ist, wer sein Leben im Vertrauen auf Jesus führt, wer glaubt mit Herzen, Mund und Händen.

4.2 Wer zu denen gehört, die an Jesus glauben

Interessant sind für mich die Bibelstellen, in denen Menschen etwas zugesprochen wird aufgrund des Glaubens anderer (z.B. in Markus 2,1-5; Apostelgeschichte 16,31;

1.Korinther 7,14). Wie viele sind schon aus lauter Sorge „totmissioniert" worden und es war noch gar nicht die Zeit gekommen, in der der himmlische Vater rief (Joh 6,65). Was mir Sorge macht ist die Frage: Kann man eventuell seine Liebsten aus dem Himmel heraus missionieren, indem man sie zur Unzeit zur Entscheidung drängt?

Warum sollen wir uns um unsere Liebsten sorgen? Warum fangen wir nicht mal an zu danken dafür, dass Jesus gewiss einen Weg für sie finden wird - sein Wort verheißt es schließlich! Ja ich weiß: „Gott hat keine Enkel" - aber das ist nur ein Buchtitel, kein Bibelzitat ;-)

4.3 Wem Gott sonst noch gnädig ist

Darüber hinaus gibt es in der Bibel Aussagen, die den Raum der Hoffnung noch um ein Vielfaches weiten, weil sie die ganze Welt und alle Menschen in den Horizont der Erlösung stellen – 2.Mose 33,19 (Gott selber entscheidet, nicht wir! Wer in diesem Wort der Bekräftigung ein Wort der Willkür Gottes entdecken will, dem sei gesagt, dass es dann höchstens um eine Willkür zur Barmherzigkeit geht, nicht zur Unbarmherzigkeit!) / 2.Korinther 5,19 (das Wort von der Welterlösung) / 1.Timotheus 2,4 / 2.Petrus 3,9 / Offenbarung 5,13; 7,9-10

Der Ausschließlichkeit des Glaubens als einzigem Heilsweg auf der einen Seite (die enge Pforte) stehen auf der anderen Seite diese Aussagen gegenüber, in denen das Heil Gottes weltumspannende Wirkung hat (der Wimmel-Himmel).

Warum wird uns diese Spannung zugemutet? Warum ist nicht alles einfach und eindeutig? Ich glaube, dass Gott uns diesen Gegensatz zumutet, damit wir Menschen in unterschiedlichen Situationen antworten können: Der ängstlich Besorgte darf Ruhe und Frieden finden in den Worten der Verheißung und der Selbstsichere findet eine heilsame Unruhe in den Worten der Scheidung und Entscheidung.

Über allem ist zu sagen: Es ist immer Gnade und nichts als Gnade, wenn einer selig wird und in der Ewigkeit einen heilvollen Ausgang seiner Lebensgeschichte erfährt!

Wenn ich vor dem Thron Gottes stehe, dann wird das Erste, was mir durch den Kopf geht der Gedanke sein: Was mache ich hier? Vor dem Thron Gottes vergeht alle Selbstgerechtigkeit und jeder geistliche Hochmut. Da werde ich zum ersten Mal in meinem Leben existentiell begreifen, was Gnade ist und was die Gnade Gottes aus mir gemacht hat, dass sie die Kraft hatte, mich trotz allem zum Ziel zu bringen.

5. Fazit:

Es gibt nach biblischem Zeugnis eindeutig ein Drinnen und Draußen, ein Seligsein und ein Verlorensein. Die letzte Entscheidung aber trifft alleine Gott. Was uns hier und heute geboten ist, ist Glaube, Vertrauen, das Zeugnis des Evangeliums und nicht Berechnung! Wer sich an Jesus vorbei die selige Ewigkeit und ewige Seligkeit errechnet und berechnet, der verrechnet sich. Wir haben die Rettung und die Seligkeit zu predigen, die alleine durch Jesus kommt, das ist und bleibt unser Auftrag. Kein Mensch wird selig an Jesu vorbei. Dennoch gibt es begründete Hoffnung, dass der Himmel voller und die Hölle leerer ist, als viele glauben, denn unser Gott hat sich die Entscheidung vorbehalten, wem er Heil und Seligkeit schenkt. Gottes Wort öffnet uns einen großen Raum der Hoffnung. Von daher brauchen wir nicht über der lodernden Hölle drohend und ängstlich zur Umkehr rufen, sondern dürfen unter einem offenen Himmel mutig, hoffnungsvoll und erwartungsvoll zum Glauben einladen, Menschen fürbittend und fürglaubend vor den Thron Gottes bringen in der getrosten Hoffnung, dass er ihnen und uns um Jesu Willen gnädig ist.

Professor Hans-Joachim Eckstein

„Die Lehre von der Allversöhnung ist der Versuch, eine offene Frage Gottes mit menschlichen Gedanken zu beantworten. Und das zweite möchte ich auch sagen: Wer immer noch darauf besteht, dass die Mehrheit in der Hölle schmort und dass Gott nicht auf andere Weise handeln könnte, hat's auch nicht begriffen."

„Zu richten die Lebenden und die Toten"

Was bedeutet das Gericht?

Sonntag nach Weihnachten – zu guter Letzt im alten Jahr – noch mal den Weihnachtsbaum genießen, die Lichter, nochmal zusammenkommen und miteinander Gottesdienst feiern, noch einmal schön satt und entspannt die Weihnachtsbotschaft von einer anderen Seite betrachten.

Wer mit so einer Vorstellung heute in den Gottesdienst gekommen ist, der wird vielleicht ein blaues Wunder erleben. – Woher das Sprichwort kommt wird im Internet erklärt:

Die Redensart stammt aus der Tuchfärberei. Nach dem Färben reagierte der grüne oder gelbe Farbton beim Aufhängen der Gewebe mit dem Sauerstoff chemisch zu blau, so dass der Betrachter "sein blaues Wunder" erlebte, obwohl das Tuch vorher anders eingefärbt worden war.

Was für ein schönes Bild, denn vielleicht geschieht heute genau das – dass in der Verbindung mit dem aktiven Sauerstoff des lebendigen Wortes Gottes und des belebenden Geistes Gottes sich Farbtöne des Glaubens und Denkens überraschend verändern.

Heute geht es um ein Thema, das viel zu kurz kommt und mancher hier wahrscheinlich auch schon vermisst hat. Ja, darüber sollte man viel öfter sprechen, denn es liegt ein heiliger Ernst auf der Sache. Es geht um das Gericht! Gott richtet! Und im Glaubensbekenntnis sprechen wir: *„Von dort (von der rechten Seite des Vaters) wird er kommen - zu richten die Lebenden und die Toten!"*

Und dann sehen wir dieses Ereignis vor uns. Auf meine Frage „Was seht Ihr, wenn Ihr an das Gericht denkt?" kam aus dem Plenum der Gottesdienstgemeinde die ganze Palette der bedrückenden Bilder: Himmel und Hölle, Feuer und Verlorenheit, Scheidung in Schafe und Böcke, persönliche Verantwortung, Beschämung.

Die Vorstellung ist oftmals die:

Eine unübersehbare Menschenmenge vor dem Thron Gottes – Einer nach dem anderen wird namentlich nach vorne gerufen. Und dann geht es los – Bücher auf und alle Sünden auf´s Tablett, jedes unnütze Wort, jede missratene Predigt, jede Lieblosigkeit usw. Und plötzlich besteht unsere ganze Existenz nur noch aus Versagen und Schrott. Und vor uns steht ein unbestechlicher Richter mit stechenden Augen, der alles durchdringt und der alles auf der himmlischen Festplatte hat.

Und dann schlottern uns die Knie, wie sie uns zu Lebzeiten nicht geschlottert haben, wenn wir gelegentlich an die Größe und Unberechenbarkeit Gottes gedacht haben. Und ich weiß: Ich habe keine Chance. Wenn Gott abrechnen will, dann bin ich verloren, soviel steht fest! Und da helfen dann auch keine logischen Krücken – wenn Gott vorne im Alphabet anfängt, dann ist es bis „W wie Wiese" noch lange hin – obwohl – die lange Warterei kann auch nerven. Aber irgendeinen Vorteil muss das ja mal haben, dass man im Telefonbuch ziemlich weit hinten steht.

Ich kann mir das nicht vorstellen – das sprengt völlig meine Phantasie. Ich kenne mich doch und weiß, wie viel am Tag misslingt.

<u>Ein Mensch betet – und es könnte mein Gebet sein:</u>

Ok, so weit, Herr, habe ich heute alles richtig gemacht: Ich habe niemanden verleumdet, habe meine Beherrschung nicht verloren, war weder gierig noch unleidlich, nicht ekelhaft und nicht selbst-süchtig und auch nicht unnachsichtig. Ich bin sehr dankbar dafür. Aber in wenigen Minuten, Herr, werde ich aus diesem Bett aufstehen und von da an benötige ich möglicherweise ein wenig mehr Hilfe. Amen

Heute geht es um das Gericht. Und manche meinen, davon müssten wir mehr sprechen, darüber müsste viel mehr gepredigt werden. <u>Nun denn, heute ist der Tag.</u> Lasst uns über das Gericht sprechen! Wobei ich gestehen muss, es fällt mir schwer –

nein nein, nicht etwa, weil ich feige wäre, die Dinge beim Namen zu nennen. Ich traue mich, heute ganz andere Dinge zu sagen als vor 20 Jahren.

Es fällt mir schwer, weil mir bisher noch keiner meine Fragen richtig beantworten konnte. Je aufmerksamer ich die Bibel lese durch die Brille der Liebe Gottes und mit wachem Verstand, umso fragwürdiger wird mir manche traditionelle und unreflektierte Sicht. Meine Fragen zum Thema „Gericht" entstehen ausgerechnet an dem Text, der für den Gottesdienst heute vorgeschlagen ist: Johannes 12,44-50. Dazu eine Verheißung aus Johannes 5,24, wo beschrieben wird, dass der Glaube <u>vor dem Gericht rettet.</u>

Manche meinen: Wir müssen mehr Gericht predigen, die Menschen müssen mehr Gericht hören, damit sie ihr Leben und auch Gott ernster nehmen. Glaubt ernsthaft einer, dass Angst vor Gott bessere Menschen und Christen macht? Glaubt ernsthaft einer, dass Angst lebendigen Glauben erzeugt? Glaubt einer, dass Gott das glaubt und will?

Ich will und werde mich nicht in den Himmel zittern, sondern auf den Schwingen der Liebe Gottes getragen und geborgen letztlich alles überwinden. Und das ist keine Schwärmerei, sondern ich bin felsenfest überzeugt: genau dazu und zu nichts anderem macht mir nicht die Tradition, aber die Bibel Mut.

Kann mir mal bitte einer erklären, wie ich über das Gericht predigen soll, wenn Jesus im Johannesevangelium sagt, dass der, der glaubt, nicht in das Gericht kommt und der, der nicht glaubt, schon gerichtet ist, es also schon hinter sich hat?

Was heißt das? Der hat offensichtlich schon auf Erden das Beste vom Leben verpasst – ein Leben in der Gegenwart Gottes, eines treuen und liebevollen Vaters.

Und wie bitte verhält sich das Wort Jesu, dass er <u>nicht</u> gekommen ist, die Welt zu richten sondern zu retten mit der Erwartung, dass er am Ende der Zeit kommen wird, um die Lebenden und die Toten zu richten?

Könnte es sein, dass wir traditionell etwas glauben und verkündigen, was man auch ganz anders verstehen könnte? Kann es sein, dass Gott gar nicht will, dass wir Angst vor ihm und seinem Gericht haben? **Ich will bezeugen, wovor ich Angst und Respekt habe**: Dass ich als Verkündiger des Evangeliums den Himmel eng mache und Menschen etwas abspreche, was Gott ihnen längst zugedacht und zugesprochen hat. Ich kann mir einen Gott vorstellen, der bittere Tränen weint, wenn er sieht, wie Menschen mit entsetztem Blick und zitternden Knien voller Furcht vor ihm stehen.

Mich macht kein anderer als Jesus selbst in diesen Versen stutzig. Was sagt er?

Dreimal betont er: Vom Vater gesandt zu sein

Wer an Jesus glaubt, der glaubt an den Vater, wer Jesus sieht, der sieht den Vater, wer auf Jesus hört, der hört den Vater. Jesus handelt in völliger Übereinstimmung mit dem Vater. Was aber hat der sich gedacht, als er den Sohn sandte und ihn uns unter den Weihnachtsbaum legte? Hat der Vater ihn gesandt, weil er uns die **Angst** oder die **Liebe** lehren will? Kommt er, um zu richten oder um zu retten? Jesus selber beantwortet die Frage.

Das Licht kommt zur Welt

Wie schön ist der Lichterglanz in diesen Tagen. Ist ja auch sinnig und stimmig – Weihnachten da anzusetzen, wenn die Tage am kürzesten sind und die längste Nacht bereits vorbei ist. Am stärksten und machtvollsten ist die Finsternis am 21.12. Jesus kommt und das Dunkle muss weichen. Das Licht bricht sich Bahn. Die Finsternis nimmt ab, das Licht siegt. Die Finsternis der Gottesferne und die Hölle der Gottesangst müssen und sollen weichen wo ein Mensch sein Herz für den Christus Gottes öffnet. Und dann singt alle Welt – oder zumindest Millionen für alle Anderen:

O du fröhliche Weihnachtszeit - Christ, der Richter – nein, der Retter ist da

Könnte es sein, dass es beim Richten nicht um ein Hinrichten von Gescheiterten, sondern vielmehr um ein Aufrichten von Verzagten geht? Dass Gott der Vater das völlig verängstigte Kind in den Arm nimmt und an sich drückt und nie mehr loslässt?

Könnte es sein, dass Gott nicht zugrunde richtet, sondern Menschen herrichtet für die Ewigkeit, dass er gerade richtet, was verbogen war und dass er ein Richtfest für das himmlische Zuhause feiert? So oder so: Was ich von Jesus hier lerne ist Folgendes: So oder so, welche Sicht wir auch immer vom Gericht haben mögen: **Wenn das stimmt**, was Jesus hier sagt, (und es stimmt gewiss!) dann ist es am Ende völlig egal, wer wann was an mir richten will – wenn Jesus gekommen ist als Retter, dann muss ich vor nichts und niemandem Angst haben. Das ist das Evangelium! DENN:

Gottes Ziel und Gebot ist das ewige Leben

Jesus sagt uns, was sein ABBA-Vater sich denkt, was er will: ewiges Leben, ewige und unzerstörbare Gemeinschaft mit seinen Geschöpfen – mit Dir und mir. Jesus sagt: Was ich tue und rede, dient dem ewigen Leben! Aber dieses Leben will und wird heute schon meine Gegenwart gestalten. Und darum sind wir:

Eingeladen zum Glauben

Mehrmals lesen wir es: *„Wer an mich glaubt…"*. Alles, was Jesus für uns bereithält, das wird uns im Glauben heute schon zuteil. Die Ewigkeit beginnt nicht beim Gericht, beim jüngsten Tag und sowieso erst nach dem Tod. Die Ewigkeit beginnt da, wo ich Gott seine Liebe glaube, wo ich mich ihm anvertraue mit Haut und Haar, mit Vergangenheit, Gegenwart und Zukunft in dem Glauben, dass er alles recht und gut macht mit mir und mit der Welt. Der Vater wird's schon richten. An dieser Stelle ganz bestimmt!

Und auch das muss man in dem Zusammenhang sagen, um an diesem Ort nicht falsch verstanden zu werden: Ja, es gibt nach biblischem Zeugnis ein Drinnen und Draußen, ein Leben in der Gottesnähe und eine Selbstausschließung von der Gemeinschaft mit Gott. Und Jesus ringt mit dem Einsatz seines Lebens noch um den Letzten, der sich im Misstrauen und Unglauben selbst von der Gemeinschaft mit seinem himmlischen Vater ausschließt.

Und über die Hölle werde ich dann auch noch an einem anderen Sonntag sprechen. Aber auch das werde ich gründlich vorbereiten, das verspreche ich!

<u>Anderes und mehr kann ich aus meiner Sicht nicht über das Gericht sagen.</u> Wird das Leben dadurch lässig und beliebig? Brauche ich das drohende Gericht, um konsequent zu leben? Hilft mir die Angst vor Gott, ein gottgefälliges Leben zu führen? Nein, denn es gibt keinen Tag, an dem ich nicht scheitere ob ich nun Angst habe oder nicht.

Unser himmlischer Vater will uns dazu erziehen, dass wir nichts Tun und Lassen aus Angst vor ihm, sondern aus Dank und Begeisterung über seine Liebe und Gnade, die uns aufgerichtet und erneuert hat, die mit allem fertig wird. Und dass wir, wenn wir scheitern, uns in seine liebevollen Arme fallen lassen und seiner Gnade vertrauen.

Ich wünsche mir, dass wir immer neu ein blaues Wunder erleben, dass der Sauerstoff des Himmels neue Farbe in Leben, Denken und Glauben bringt.

Jesus ist nicht gekommen, die Welt zu richten, sondern sie zu retten – daran klammere ich mich heute und ewig im Leben und im Tod! Trotz allem, was war, was ist und was auch immer kommen mag.

Matthäus 25,31-46 – Selig durch Barmherzigkeit?

Eine überraschende Wendung

Die letzten Sonntage des Kirchenjahres beschäftigen sich mit den Ereignissen der letzten Zeit, bevor und wenn Jesus wiederkommt. Heute geht es um einen Text, über den ich heute zum ersten Mal predige, um den ich sonst einen großen Bogen gemacht habe, weil er zunächst viel mehr Fragen aufwirft, als er beantwortet. In der Vorbereitung auf diesen Sonntag ist mir dieser Text, sein Trost und seine Herausforderung sehr lebendig begegnet – der Text vom großen Weltgericht in Matthäus 25,31-46.

Folgende Fragen bewegen mich:

> - Menschen werden aufgrund ihrer barmherzigen Werke selig. Hebelt das nicht geradezu die Lehre der Rechtfertigung aus, nach der der Mensch ausschließlich durch Glauben und Gnade gerettet wird?
> - Wann hat man denn genug getan? Wie viel Barmherzigkeit muss man geübt haben?
> - Und wie könnte man diesen Text als Appell an das barmherzige Tun predigen, ohne in die Gefahr zu kommen, dass unser Tun dann berechnend wird? Und Jesus preist doch gerade die selig, die eben nicht gemerkt haben, was sie da tun und wem sie da dienen.
> - *Formuliert Jesus hier so drastisch, damit überhaupt irgendetwas passiert?*

Worum geht es denn nun wirklich?

1. Ein unbestechliches Gericht

Jesus kommt wieder in Herrlichkeit! Das letzte Wort, die letzte Macht auf Erden hat nicht das Chaos oder das Böse oder sonst was, das letzte Wort, die letzte Macht hat Jesus, der in Herrlichkeit wiederkommen wird. Der schwache, verachtete, angespuckte und grausam ermordete Jesus ist das Ziel der Geschichte. Er wird in unwiderstehlicher Herrlichkeit erscheinen. Und er wird richten. Alle werden sich vor ihm verantworten müssen. Was wird uns dann retten, wenn unser Leben wie ein Film abläuft und wir erkennen, dass uns nichts mehr rechtfertigt, dass unsere Lebensbilanz immer negativ ausfällt, dass jetzt allein die Gnade noch retten kann?

Klingt unglaublich aber: Rettung gibt es trotz Schuldspruch beim Richter (Johannes 5,24; 3,18)

Aber wer steht hier vor Jesus? Gibt es doch einen Haken in der Rechtfertigung? Ist letztlich doch unser Tun entscheidend am Tag des Gerichtes? Was bedeutet dann aber noch das Opfer, das Jesus für die Sünden der Welt erbracht hat?

Antwort: ALLES! Denn an Jesus vorbei gibt es keine Rettung! Wer glaubt wird gerettet! Wer an den Sohn glaubt, der hat das ewige Leben! Wer nicht glaubt, ist verloren! So haben wir es gelernt, so glauben wir und so predigen wir.

Nun beschreibt die Bibel eine doppelte Buchführung Gottes: das Buch des Lebens und das Buch der Werke (Offenbarung 20,12).

Es gibt das Buch des Lebens, darin stehen nur Namen, keine Werke. Alles, was wir schuldig geblieben sind, hat Jesus erstattet!

Und dann gibt es noch andere Bücher, in denen aufgeschrieben ist, was einer getan hat. Diese Namen stehen offensichtlich nicht im Buch des Lebens. Die gehören nicht zu Jesus, die sind verloren. Das ist, nach unserer frommen, geistlichen schwarz-weißen Vorstellung alles. Denn durch Werke wird ja keiner selig – dachten wir jedenfalls und fühlten uns als evangelische Christen der katholischen Tradition überlegen.

2. Eine überraschende Entdeckung

Gehen wir doch einmal davon aus, dass hier alle vor Jesus stehen, deren Namen nicht im Buch des Lebens stehen. Dann überrascht es tatsächlich, dass Jesus hier auch noch einmal teilt in eine Gruppe, die selig ist und eine, die verloren ist. Und das entscheidende Kriterium ist die Barmherzigkeit.

Wer aber sind diese geringsten Brüder, denen Barmherzigkeit erwiesen wurde oder eben auch nicht?

Im ganzen NT ist klar, wer Bruder und Schwester Jesu ist – wer den Willen des himmlischen Vaters tut (Matthäus 12,48ff).

Und es ist Jesus selber, der seine Leute als Geringe in dieser Welt bezeichnet und sich an sie bindet (Matthäus 10,40-42).

Das habt ihr <u>mir</u> getan – Was Leib Christi bedeutet, ist auch ganz klar beschrieben: die Gemeinde!

<u>Und jetzt kommen natürlich unsere Einwände:</u>

- Aber das kann doch nicht sein, dass Jesus Menschen aufgrund ihrer barmherzigen Werke selig preist und ihnen die Ewigkeit schenkt? Warum eigentlich nicht? Er tut es doch hier ganz eindeutig! Da müsste man schon den Text aus der Bibel entfernen. Relativieren oder Engführen kann man diese glasklaren Aussagen nicht.

- Aber Rettung geht doch nicht an Jesus vorbei? Nein geht es auch gar nicht, wer entscheidet denn hier? Wer ist es denn, der hier gerecht macht? Es ist kein anderer als Jesus.
    - *Fritz Rienecker: „Es ist ein großer Unterschied, ob Jesus unser Werk preist oder wir." (Wuppertaler Studienbibel)*

- Und ist es nicht manchmal so wie bei den Arbeitern im Weinberg? Wir rackern uns ab, lassen uns den Glauben etwas kosten, können vielleicht Tag und Umstände unserer Bekehrung nennen, haben gehorcht und gedient und die, die das nicht getan haben, die werden genauso berücksichtigt wie wir?
    - *Fritz Rienecker: „Warum siehst du so scheel, dass ich so gütig bin? Sollte nicht dein Glaube sich über die unendlich große Gnade des*

> *Herrn... freuen und nur noch fester und inniger werden, und zwar unter dem Gesichtspunkt, dass der in Wahrheit ein wirklicher Heiland ist, der selbst für diese allerkleinsten Zeichen der selbstlosen Lauterkeit und Taten der Liebe ein Auge hat und dafür dankt mit dem allergrößten Geschenk?*
> - *Gerhard Maier (Edition C): „So weit greift also Gottes Barmherzigkeit hinaus, dass sie um Jesu Willen nicht nur diejenigen rettet, die ein Glied an seinem Leib geworden sind, sondern auch diejenigen, die einem Glied seines Leibes Gutes getan haben."*

Ich staune immer wieder, wie Jesus unsere Denkmuster und geistlichen Gesetze aufbricht und eine geistliche Weite im Denken, Glauben und Hoffen zulässt, die mich begeistert und beschämt.

Menschen, die nicht im Buch des Lebens stehen, werden in dieses Buch eingeschrieben, weil sie Kindern Gottes Barmherzigkeit erwiesen haben, sie als Fremde aufgenommen haben, sie in Verfolgungen versteckt haben, sie besucht und versorgt haben, und das alles nicht berechnend. Umso größer ist das Erstaunen, dass man das, was man anderen Gutes getan hat, plötzlich dem unbestechlichen Richter getan haben soll.

Womit an dieser Stelle, vor dem Richterstuhl des Weltenherrschers, niemand mehr gerechnet hat, das geschieht: Verdammte werden zu Erlösten! Haben sie geglaubt? Waren sie bekehrt? Waren sie dem Wort Gottes gehorsam? Nein, sie haben lediglich selbstlos geliebt! Sie waren barmherzig ohne Berechnung! Und sie haben, ohne dass sie es merkten, Jesus Gutes getan.

Als ich das verstanden hatte, da ging über dem Text, über den ich in 20 Dienstjahren noch nie gepredigt habe, die Sonne der Barmherzigkeit auf. Das ist ein Text, den man fast auf dem Marktplatz lesen und über den man dort sprechen müsste aber dann ist die Gefahr groß, dass wieder welche anfangen, Gutes zu tun und dabei zu rechnen, darüber zu reden und nach dem himmlischen Lohn zu schielen. Lassen wir den Text also hier und denken noch darüber nach, was er uns noch zu sagen hat außer, dass Jesus unser scheinbar so klares geistliches System aufgebrochen hat.

3. Eine geistliche Motivation

<u>Der Text zeigt mir zum Einen, wie wertvoll ich in Jesu Augen bin</u>, dass er Menschen selig spricht, die mir und meinen Schwestern und Brüdern Barmherzigkeit erwiesen haben. Was Menschen uns tun oder nicht, das haben sie unserem Herrn getan oder eben auch nicht. Er genießt, was wir genießen, er teilt unsere Freude, er weint unsere Tränen und spürt unsere Schmerzen. Er sitzt mit uns im Gefängnis und fühlt wie wir als fremder, kranker, hungriger und durstiger Mensch und belohnt oder verurteilt die Barmherzigkeit, die wir empfangen haben oder die uns versagt worden ist. Er ist ganz und gar bei seinen Freunden und sie bei ihm (Lukas 10,16).

<u>Zum Anderen lerne ich hier, wie wichtig Jesus die Barmherzigkeit ist</u>

Wenn Jesus schon die Werke der Barmherzigkeit derer so reich belohnt, die nicht im Buch des Lebens stehen und nach ihren Werken beurteilt werden, wie viel schwerer wiegt dann wohl die Barmherzigkeit, die wir als Kinder des lebendigen Gottes einander und den Menschen dieser Welt tun oder eben auch nicht.

Wie wir in Jesaja 58 lesen können, hat Gott auch seiner Gemeinde, seinem Volk als Auftrag und selbstverständliche Äußerung geistlichen Lebens ins Stammbuch geschrieben, was hier am Ende der Zeiten sogar Menschen rettet. Wie Gott mir so ich Dir - wird zur Kraftquelle eigenen Handelns (Lukas 6,36; Römer 15,7)

Um wie viel stärker wiegt wohl die Barmherzigkeit bei denen, die die Gnade Gottes nicht am Ende der Zeiten als nicht mehr erwartete dramatische Wendung zum Guten erleben, sondern die von dieser Gnade schon ihr ganzes Leben lang getragen wurden, die auf diese Gnade immer schon ihr Leben, ihre Zukunft und Hoffnung gebaut haben.

Wie viel weniger Ausreden haben wir als Kinder Gottes, wenn Jesus uns nach der Barmherzigkeit fragt, die wir getan oder unterlassen haben. Welche Dramatik steckt in dem Wort, das Paulus sagt, dass unbrauchbare Werke zwar verbrennen, der Mensch aber wie durch das Feuer hindurch gerettet wird (1.Korinther 3,11-15)?

So erlebe ich beides bei der Begegnung mit diesem Text:

Einen tiefen Trost und eine große Hoffnung, dass Gottes Kriterien zur Beurteilung menschlichen Lebens eben doch anders und viel weiter sind als meine.

Und eine beunruhigende Herausforderung, dass was, was Gott an Gottlosen selig preist, für mich als sein Kind wohl erst recht gilt im Umgang mit Gottes Geschöpfen.

Über das Ziel der Geschichte –
Predigten zu Himmel und Hölle

„Die Hölle – Fiktion und Wahrheit"

Manch einer mag sich gefragt haben – was soll das denn jetzt? Wieso predigt Volker Wiese über die Hölle? Nun, ich tue das, weil ich zum Einen Wort halten möchte – ich habe am 30.12.2012 in meiner Predigt über das Gericht versprochen, dass ich auch noch mal über die Hölle predigen werde. Zum Anderen halte ich es für meine geistliche Pflicht, weil mir da im Zuge meiner theologischen Arbeit einiges aufgefallen ist, was es wert ist, weiterzugeben.

Es gibt im Blick auf die Hölle einiges, was der Korrektur bedarf, weil das, was man darunter versteht oft alles andere als biblisch und erst recht nicht heilsam ist.

1. Sprachliche Analyse

Zunächst ein paar Begriffsklärungen: Der Mensch stirbt – und dann? Ein doppelter Ausgang der Lebensgeschichte ist bezeugt. Es gibt ein Finale in der Gegenwart Gottes und abseits der Gegenwart Gottes.

Die Bibel kennt die Begriffe **Hades und Scheol** – der griechische und der hebräische Begriff für das Totenreich, den Aufbewahrungsort der Verstorbenen für die Auferstehung. Das Totenreich ist der Ort, den Jesus auch mit „Paradies" bezeichnet, in das er den einen reumütigen Gangster am Kreuz mitnimmt, aus dem er aber auch selber erst am dritten Tag auferstehen muss. Im Totenreich wartet man auf die Auferstehung zum Finale.

Und es gibt den Begriff der Gehenna, der in der deutschen Bibel mit „Hölle" wiedergegeben wird. Was das Ganze nun schwierig macht ist folgendes: Gehenna ist eine

Ortsbezeichnung – nicht etwa für einen unterirdischen Verdammungsort Hölle sondern für ein Tal im Süden Jerusalems, das Hinnomtal.

Gehenna entstammt der hebräischen Sprache und bedeutet ‚Schlucht von Hinnom' (*Ge-Hinnom*). Zu alttestamentlicher Zeit wurden hier laut Bibel bei kultischen Handlungen dem Ammoniter-Gott *Moloch* Kinder geopfert (2. Könige 23,10). Diese Praxis wurde von den Israeliten unter der Regentschaft Salomos im 10. Jh. v. Chr. und des Königs Manasse im 7. Jh. v. Chr. in Krisenzeiten weitergeführt bis in die Zeit des babylonischen Exils (6. Jh. v. Chr.). Der Prophet Jeremia, der diesen Brauch scharf verurteilte, nannte dieses Tal „Schlucht der Umbringung" oder „Würgetal" (Luther). Gehenna wurde später zu einer zentralen Müllhalde, unter anderem um eine Wiedereinführung solcher Bräuche zu verhindern. Die Müllhalde einer Großstadt – zur Zeit Jesu lebten wohl 25.000 Menschen in und um Jerusalem und dazu kamen jährlich die Tausenden von Pilgern. Und Abfall und Müll damals – das waren Fäkalien, Knochen, Tierkadaver – alles, was zum Himmel stinkt. Und man hatte damals in einer Redewendung Menschen angedroht, sie ins Hinnom zu werfen, wenn sie nicht mit ihrer Bosheit aufhören würden – so wie wir heute jemanden auf den Mond schießen oder dahin wünschen, wo der Pfeffer wächst. Nach Ansicht mancher Forscher wurden zu Zeiten Jesu an diesem Ort auch die Leichen von Gesetzesübertretern nach ihrer Hinrichtung verbrannt.

Diese Bilder vom Hinnom setzten sich fest in der Übersetzung des Begriffes mit Hölle. Diesen Hinweis habe ich in meiner Vorbereitung übrigens in allen Kommentaren und Lexika gefunden, die ich gelesen habe – übrigens keine liberalen sondern evangelikale.

Hölle – das muss wie im Hinnomtal sein – ein grässlicher, stinkender, heißer Ort.

Im 1.Jh nach Chr. verdrängte nach und nach der Begriff „Hölle" den des Totenreiches. Auch Luther hat an mehreren Stellen „Hades" mit „Hölle" übersetzt –

z.B. Matthäus 16,10. Wo ist das Problem? Das Problem besteht darin, dass es aus dem Hades, dem Totenreich eine Auferstehung gibt, aus der Hölle nicht.

2. *Ein traditioneller Irrglaube*

In der christlichen und der volkstümlichen Tradition wird die Hölle zur Heimat und zum Machtbereich des Teufels, der mit den Hörnern und dem Pferdefuß. Dorthin zieht der Teufel die Menschen und dort quält er sie in Ewigkeit.

Das ist kompletter Unsinn und hat mit dem biblischen Zeugnis gar nichts zu tun! Das kommt wohl von der Vorstellung, dass es zum Reich Gottes, zum Himmel, ein satanisches Pendant geben muss – eben die Hölle. Und diese Vorstellung hat dann leider auch Eingang gefunden in geistliches Liedgut.

Einige Beispiele dazu:

- Sünd und Hölle mag sich grämen, Tod und Teufel mag sich schämen; wir, die unser Heil annehmen, werfen allen Kummer hin.

- Doch ob tausend Todesnächte / liegen über Golgatha, ob der Hölle Lügenmächte / triumphieren fern und nah, dennoch dringt als Überwinder / Christus durch des Sterbens Tor; und die sonst des Todes Kinder, führt zum Leben er empor.

- Seele, dein Heiland ist frei von den Banden, glorreich und herrlich vom Tode erstanden. Freue dich, Seele, die Hölle erbebt! Jesus, dein Heiland, ist Sieger und lebt! Jesus, dein Heiland, ist Sieger und lebt!

- Freue dich, Seele, der Hölle Macht lieget! Sünde und Satan und Tod sind besieget. Der im Triumphe dem Grab sich enthebt, Jesus, dein Heiland, ist Sieger und lebt! Jesus, dein Heiland, ist Sieger und lebt!

Es gibt keine höllischen Lügenmächte und keine Höllenmacht als Gegenmacht Gottes. Das ist unbiblischer Irrglaube. Tut mir ja leid – oder eben auch nicht, wenn ich jetzt bestimmte Vorstellungen erschüttert habe, aber das werdet Ihr in der Bibel nicht finden.

Wo ist der Teufel? In der Welt. Was wartet auf den Teufel? – Die Hölle – oder besser: der feurige See und Abgrund (Offenbarung 20,10).

Der Nachahmer Gottes, der „Affe Gottes" (Luther) und seine antigöttliche Trinität *(Satan als Antigott, der Antchrist als Antichristus und der falsche Prophet als Antigeist, der Menschen in die Anbetung des Antichristen treibt – Offenbarung 13)* findet ihr Ende in der Hölle. Und nur von diesen dreien heißt es, dass sie in Ewigkeit gequält werden. Nach dem biblischen Zeugnis kommen zwar andere auch in die Hölle, aber dort endet ihre Existenz. Von einer ewigen Qual für sie ist nicht die Rede.

Warum bekommt der Teufel eine besondere Behandlung in der Hölle? Weil er sich an die Stelle Gottes gesetzt hat und bewusst das Werk Gottes gestört hat. Er hat im Menschen das Vertrauen zerstört und damit der heilen Gemeinschaft zwischen Schöpfer und Geschöpf die Grundlage entzogen. Er hat vorsätzlich und willentlich mit seiner perfiden Lüge die Welt Gottes versaut und verseucht. Deswegen wird er ewig geplagt und ich habe kein großes Mitleid mit ihm, keine „Sympathy for the Devil", wie die Rolling Stones singen – die sind da offensichtlich etwas empathischer als ich.

<u>Was stellen wir erstaunt fest?</u> Die Hölle gehört Gott!!! Und er allein bestimmt, wer dort ankommt, er allein!

In einem Bibelgespräch fragt eine ältere Frau: „Herr Wiese, in der Bibel steht doch, dass wir uns nicht vor denen fürchten sollen, die den Leib töten können, wohl aber vor dem, der Leib und Seele in der Hölle verderben kann (Matthäus 10,28). Wer ist denn damit gemeint?"

Eine ältere Frau antwortet barsch: „Blöde Frage, das ist natürlich der Teufel!" Blöde Antwort: Das ist natürlich Gott! ER allein bestimmt den Ausgang, das Finale des Lebens und niemand sonst!

Darüber hinaus ist die Bibel sehr sehr sparsam mit Bildern und Beschreibungen des feurigen Pfuhl, aus dem es kein Entrinnen gibt. Die Hölle ist kein Ort der Rache und kein Schauspiel und Spekulationsobjekt für die Lebenden.

Sollten Menschen für Gott in Ewigkeit verloren gehen dann nur, weil Gott sie aus Liebe und aus Respekt vor ihrer Entscheidung auch im Letzten nicht zu einer Gemeinschaft mit ihm selbst zwingt. Das heißt aber auch, dass ER dann ewig auf sie verzichten muss, auf ihr Vertrauen, auf ihre Liebe, ihre Gemeinschaft.

3. *Konsequenzen*

Muss ich Angst haben vor der Hölle, dem feurigen Pfuhl? NEIN – um Jesu Willen Nein! Denn er rettet vor der Hölle, dem unwiederbringlichen Ende der Existenz. Kann Gott damit leben, dass Menschen in Ewigkeit von ihm getrennt sind?
Ich habe in meiner theologischen Biographie eine heilsame Unruhe gewonnen über die Verheißungen, in denen sich vor Jesus jedes Knie beugen wird und jede Zunge ihn bekennen und anbeten wird.
Und ich denke mir: Nun ja, dass ein Gottloser, ein verstockter Atheist in der Hölle landet – das ist ja kein Wunder, das wäre geistlich-theologisch gesehen normal. Viel spannender finde ich diesen Gedanken, dass sich da vor Gottes Thron tatsächlich verstockte Hardcoreatheisten und Gottesgegner verwundert die Augen reiben werden und staunend und völlig überwältigt die Knie vor Jesus beugen, ihre Hände ihm entgegenstrecken und ihn anbeten. Gott will schließlich nicht, dass jemand verloren geht, sondern dass alle die Wahrheit erkennen – früher oder später oder ganz spät. Ob der himmlische Vater dann wirklich die, die ihre Knie vor Jesus gebeugt haben noch im Feuer entsorgt, ist dann seine Sache – ich denke es nicht, würde ihm aber Recht geben, wenn er so entscheiden sollte. Aber lassen Sie Sich von mir nichts erzählen,

lassen Sie Sich von meiner Hoffnung nicht rausbringen, vielleicht ziehen Sie ganz andere Konsequenzen – nun denn, es sei so.

Aber das ist <u>meine</u> kindliche Hoffnung – die sich allein aus den Aussagen der Bibel speist und ernährt. Es gibt manche Gegensätze, die wir nicht lösen werden.
Was uns heute als Christen und als Gemeinde geboten ist, ist die Verkündigung und die Lebenspraxis des Evangeliums, das Jesus Christus rettet. Und das dürfen wir nicht tun – niemals!, indem wir mit der Hölle drohen, sondern indem wir mit dem Himmel werben. Wir sind herzlich eingeladen, Jesus zu folgen, ihn anzubeten, heute schon die Knie vor ihm zu beugen in Anbetung und Anrufung und wer das tut ist auf jeden Fall auf der sicheren Seite des Lebens.

Und für alles Weitere halten wir es mit dem großen modernen Philosophen Franz Beckenbauer: *„Schau'n mer mal!"*.

Gebet:

Herr Jesus Christus, Du bist der Sieger, der Retter. Du hast in Kreuz und Auferstehung alles überwunden. Wir beten Dich an. Du hast den Teufel und seine Macht besiegt! Du bist König in Ewigkeit. Du bist das Ziel der Geschichte.

Nimm unser Leben in Deine Hand und leite uns in das ewige Leben. Bei Dir allein sind wir geborgen, sicher und gehalten für Zeit und Ewigkeit. Du hast unsere Namen ins Buch des Lebens geschrieben. Nimm uns die Angst vor der Hölle und vor ewiger Verlorenheit. Wecke in uns das kindliche Vertrauen, die herzliche Gewissheit, dass Du der Gott des Lebens bist, der auf niemanden verzichten will.

Und wenn Du am Ende der Zeit dennoch ewig auf Menschen verzichten willst, die auf Dich verzichten wollten, dann beugen wir uns unter Deine Entscheidung und geben Dir Recht.

Aber das ist unser Gebet: Erbarme Dich über diese Welt und ihre Menschen, zeichne durch Deinen Geist heilsame Bilder in unsere Herzen und Gedanken und dann lass uns ankommen bei Dir, beim Fest des Lebens.

AMEN

„Bilder vom Himmel 1"

1. Begriffsklärung

Es gibt in der Bibel eine Reihe von Begriffen, die beschreiben, was sie mit „Himmel" meinen: neuer Himmel und neue Erde / Himmel / Ewigkeit / das neue Jerusalem
Alles Synonyme für die eine letzte große Hoffnung auf eine heilvolle Vollendung, einen guten Ausgang unserer Lebensgeschichte und das Ziel der Geschichte, das Gott für uns bereithält.

2. Das Problem

Dabei gibt es ein Problem. Uns ist der Zauber der Hoffnung verloren gegangen, die Kraft unserer Vorstellung ist erlahmt. Deshalb predige ich über den Himmel.
Weil wir nicht mehr an den <u>Himmel im Himmel</u> glauben, oder weil er in unserer Vorstellung langweilig geworden ist, suchen wir den <u>Himmel auf Erden</u>.
Ich werde dann und wann aus dem Buch von <u>John Eldredge</u> zitieren „Ganz leise wirbst du um mein Herz", in dem ich wertvolle Gedanken zu diesem Thema gefunden habe.
Das Problem mit dem Himmel ist, dass wir glauben, dass wir hier auf der Erde feststecken. *„Wir glauben, dass dieses Leben unsere beste Chance auf Glück ist, vielleicht sogar die einzige. Und wenn das so ist, wenn wir ernsthaft glauben, dass es nichts Besseres mehr geben wird, dann werden wir als hektisch fordernde und letzten Endes verzweifelte Männer und Frauen leben. Wir werden dieser Welt eine Last auflegen, die zu tragen nie ihre Bestimmung war."*

Die modernen Bilder vom Himmel haben den Himmel langweilig gemacht. Der katholische Philosoph Peter Kreeft schreibt:

„Wir haben moderne erbärmliche Ersatzbilder von bauschigen Wolken, geschlechtslosen Engelchen, Harfen und metallenen Heiligenscheinen, alles unter der Leitung eines stoffeligen göttlichen Ober-Langweilers, eines senilen Philanthropen (Menschenfreund)… Unsere Bilder vom Himmel berühren uns einfach nicht, sie sind langweilig, platt und süßlich."

Und so kommt es nicht von ungefähr, dass die meisten Menschen – auch viele Christen – die Vorstellung haben, die Erde sei viel aufregender als der Himmel.

So singt der deutsche Rapper **Sido** in seinem Lied: „Der Himmel kann warten":

Ich ruf es nach oben, der Himmel soll warten. Denn ich hab noch was vor, der Himmel muss warten. Wenn alles vorbei ist, nimm mir den Atem. Doch noch bleib ich hier, der Himmel soll warten.

Ich will so vieles noch erleben vor dem Altersheim. Ich will den Jackpot im Lotto gewinnen und damit alle meine Schäfchen ins Trockene bringen. Ich will high und frei sein, wie eine Flocke im Wind. Ansonsten schrei ich wie ein bockiges Kind

Warte mal, stopp, du kannst mich noch nicht gehen lassen. Nimm dir doch lieber diese Emo's die ihr Leben hassen Ich bin noch lange nicht fertig, es fängt doch grade an:
Lass mich machen, all das werd ich schaffen und noch mehr. Ich will Karriere machen, ich will noch weiter hoch.

Ich ruf es nach oben, der Himmel soll warten, denn ich hab noch was vor, der Himmel muss warten. Wenn alles vorbei ist, nimm mir den Atem, doch noch bleib ich hier, der Himmel soll warten.

Umso wichtiger, dass wir uns jetzt den Bildern zuwenden, die uns das Wort Gottes vom Himmel zeichnet – aufregende Bilder, alles andere als langweilig und belanglos.

3. Biblische Bilder vom Himmel

Vor einigen Jahren ging dieses Bild um die Welt:

Eine Löwin hatte ein Antilopenjunges adoptiert und zog mit ihm durch die Savanne. Ein christlicher Wildhüter sah es und dachte: Jetzt ist es soweit, jetzt kommt Jesus wieder. Jetzt richtet er sein ewiges Reich auf. Denn der Wildhüter kannte Jesaja 11,6-10!

Was Gott sich unter Frieden, Schalom vorgestellt hat, das findet seinen Ausdruck in diesem Bild – eine neue, völlig versöhnte Schöpfung im umfassenden Frieden.

Es gibt keine Bedrohung und Gefahr mehr für das Leben. Der römische Dichter Titus Plautus (250-184 v.Chr.) schrieb den berühmten Satz: *„Homo homini lupus"* – *Der Mensch ist des Menschen Wolf*. Eine Beschreibung, die so entsetzlich real ist, weil wir ihre Wahrheit Tag für Tag erleben. Aber das alles wird ein Ende haben!

Niemand wird mehr Unrecht tun in der neuen Welt Gottes, keiner mehr den anderen verletzen und bedrohen. Gottes neue Welt ist ein Zuhause für alle Völker und ein Ort der unfassbaren Herrlichkeit Gottes und der Gegenwart Jesu (Jesaja 11,9f).

Der Himmel ist der Ort absoluter Klarheit, wo alle bohrenden Fragen geklärt oder als Fragen nicht mehr wichtig sein werden (Jesaja 65,17-25).

Und natürlich wird im Himmel nicht mehr gestorben. Jesaja sucht einfach nach Bildern, die in seiner Vorstellung das beschreiben, was er sieht – und wie will man etwas beschreiben, was absolut nicht zum Erfahrungshorizont des Lebens auf dieser

Erde gehört – wie will man Ewigkeit beschreiben? Deshalb das Bild vom Menschen, der noch im Alter von 100 Jahren als Kind gilt. (Jesaja 65,20)

Und man wird dort nicht nur Halleluja singen und auf Harfen klampfen. Nein, Gottes neue Welt will und soll bebaut und bewahrt werden – die heilvolle Vollendung des großen und ursprünglichen Auftrags Gottes an seine Menschen. Und niemand wird mehr vergeblich arbeiten, die Arbeit wird Segen und Frucht bringen. Keiner wird mehr den anderen betrügen und ausbeuten. Und unsere Kinder und Enkel sind auch dabei! (Jesaja 65,21-23).

Und die Gemeinschaft und die Kommunikation zwischen Gott und Mensch wird ungetrübt und klar sein (Jesaja 65,24).

Und der Himmel wird wimmeln – von Menschen und Tieren in einer heilen und vollkommenen Symbiose (Jesaja 65,25).
Jesus sagt seinen Jüngern und seiner Gemeinde in seinen Abschiedsreden, dass ER im Hause des Vaters die vielen Wohnung bereitet, die dort auf uns warten (Johannes 14,2-3).

John Eldredge schreibt: *„Ein Teil des himmlischen Abenteuers wird sein, die Wunder des neuen Himmels und der neuen Erde zu erkunden, deren atemberaubendstes Gott selbst sein wird... Stellen Sie sich das beste mögliche Ende zu ihrer Geschichte vor. Wenn das nicht der Himmel ist, dann ist es etwas Besseres. Wenn Paulus sagt: „Was kein Auge jemals sah, was kein Ohr jemals hörte und was sich kein Mensch vorstellen kann, das hält Gott für die bereit, die ihn lieben (1.Kor 2,9) – dann meint er damit schlicht und einfach, dass wir Gott in unseren kühnsten Träumen nicht übertreffen können"* – und das gilt auch für den Himmel, die Ewigkeit.
Der Himmel ist alles andere als ein langweiliger Ort, er ist die Erfüllung der letzten und tiefsten Sehnsucht unseres Lebens. Welche Bilder vom Himmel leben in Deinem Herzen, in Deinen Gedanken?

4. Konsequenzen

John Eldredge schreibt über seine Frau Stacy:
„Meine Frau liest bei einem Roman immer zuerst das Ende. Bis vor Kurzem habe ich nie verstanden, warum.
Sie erklärt mir: *„Ich möchte wissen, die die Geschichte ausgeht, damit ich weiß, ob es sich lohnt, sie zu lesen. Eine Geschichte ist immer nur so gut wie ihr Ende. Auch die besten Geschichten hinterlassen ein Gefühl der Leere, wenn das letzte Kapitel enttäuschend ist. Und umgekehrt: eine wirklich tragische Geschichte kann durch ein glückliches Ende gerettet werden."*
Ich frage sie: *„Aber macht es denn nicht die ganze Spannung kaputt, wenn Du das Ende schon kennst?"*
Darauf sagt sie: *„Es nimmt Dir nur die Angst weg und macht Dich frei, das Drama zu genießen. Außerdem sind manche Dinge einfach zu wichtig, um sie dem Zufall zu überlassen"* und sie wendet sich wieder ihrem Buch zu.

Gottes Wort lässt uns wissen, wie die Geschichte unseres Lebens ausgeht, was auf uns wartet. Wir kennen das Morgen und können deswegen heute anders leben. Wir müssen nicht alles in unserer irdischen Lebenszeit erlebt und ausgekostet haben.

Der irische Christ und Schriftsteller C.S. Lewis schreibt: *„Wenn ich in mir Sehnsüchte entdecke, die nichts in dieser Welt befriedigen kann, dann ist die einzig logische Erklärung dafür die, dass ich für eine andere Welt geschaffen wurde."*

Diese Tatsache finden wir in den Worten des alttestamentlichen Predigers Salomo, der uns in seinem grandiosen Kapitel über die Zeit sagt, dass **Gott die Ewigkeit in unser Herz gelegt hat** *(Pred 3,11)*. Er hat uns erschaffen mit der Sehnsucht nach dem Himmel. Diese Sehnsucht lebt in uns, diese Sehnsucht sucht nach Antwort und wenn wir den Himmel nicht mehr im Himmel erwarten, wo er auf uns wartet, wo wir ihn empfangen, dann suchen wir ihn vergeblich hier auf der Erde.

Die Frage nach dem Himmel ist eine Grundsatzfrage unseres Lebens, die Antwort darauf stillt unseren Lebenshunger, unsere Sehnsucht nach einem heilvollen Ausgang unserer Lebensgeschichte. Wer diese Hoffnung hat, der kann heute anders leben, denn er wird die Erfüllung seines Glückes nicht vom Vorletzten erwarten.

Gott ruft auf zur Freude und zum Jubel über seine Werke (Jesaja 65,18a).

Und das sagt er uns mitten in den Verheißungen eines neuen Himmels und einer neuen Erde.

<u>Ankommen am Ziel</u>, in der aufregenden Ewigkeit – das ist Gottes Sehnsucht für unser Leben. Und im Glauben an ihn, und im herzlichen Vertrauen auf ihn wird mir diese Aussicht zu einer lebensgestaltenden und -verändernden Verheißung und zu einer Quelle der Hoffnung und der Kraft.

Gebet:

Herr, wir danken Dir für die Verheißung, die Du uns heute neu ins Herz malst – Du bist das Ziel unseres Lebens. Du hast nur die eine Sehnsucht, dass wir bei Dir ankommen. Wie langweilig, banal bedeutungslos sind die Bilder, die wir für den Himmel gefunden haben, weil uns abhanden gekommen ist, was Du uns über den Himmel sagst, wie aufregend und erfüllend Leben mit Dir sein kann – heute schon - und wie es erst dann sein wird, wenn wir in Ewigkeit bei Dir sind und mit Dir leben von Angesicht zu Angesicht.

Wecke in uns neu die lebendige Hoffnung auf den Himmel. Lass die Gewissheit, dass wir bei Dir ankommen ganz neu zu einer sprudelnden Quelle der Kraft und der Hoffnung für das Leben hier werden. Bewahre uns vor dem Irrtum, dass wir allen Segen und alle Erfüllung nur von dieser Erde erwarten, was nie ihre Bestimmung war.

Das ist unsere Bitte heute: Lass den Himmel aufgehen in unseren Herzen und Gedanken. Heiz die Sehnsucht neu an durch Deinen guten Geist. Du hast die Ewigkeit in unser Herz gelegt – und unser Herz ist unruhig, bis es Ruhe findet in Dir – dass das noch viele Menschen persönlich erfahren ist unser Gebet.

„Bilder vom Himmel II"

Die Bilder vom Himmel, die wir bisher angeschaut haben:

- Eine völlig friedevolle versöhnte neue Welt ohne jede Bedrohung und Gefahr
- Menschen und Tiere in friedevoller Harmonie und Symbiose
- Arbeit ohne Frust und Misserfolg
- Wohnungen – von Jesus vorbereitet
- Keiner wird mehr Böses tun oder unter Bösem leiden müssen

Heute geht es um ein weiteres Bild vom Himmel – das Bild vom Festmahl

Miteinander feiern ist etwas sehr Schönes. Man ist aus dem Alltag herausgenommen, das Gewöhnliche wird durchbrochen durch das Besondere. Wir haben in unserer Gemeinschaft ein Fest gefeiert – den Abschluss unseres Hausjubiläums. Was für ein Fest – miteinander reden, Zeit haben füreinander, lecker essen, fröhlich sein, genießen, was jemand für mich vorbereitet hat. Feste bereichern das Leben.

Für mich war mein 50. Geburtstag so ein besonderer Festtag, an dem ich so viel Schönes erlebt habe, dass es mich emotional fast überfordert hat.

Schließt mal die Augen und denkt an schöne Feste, die Ihr gefeiert habt – als Gastgeber oder als Gast, wie ihr erfüllt und überwältigt wart.

Wolfgang Vorländer schreibt in seinem Buch *„Der Heilige Geist und die Kunst zu leben"* im Kapitel *„Festkultur":*

„Gott ist der große Freund und Liebhaber des Lebens. Sein Geist erweckt zur Freude am Dasein und führt in die Freiheit der gottverdankten Geschöpflichkeit. Im Genießen und Feiern rühmen wir die Gabe des Lebens im Angesicht und inmitten aller Lebensbehinderung und Lebensverhinderung durch Sünde und Tod. Darum ist jedes frohe und frohmachende Fest eine Liebeserklärung und ein Dankeschön an den Schöpfer dieser Welt."

Und sie sind ein Vorgeschmack auf ein besonderes Fest, das noch auf uns wartet: Das Fest, das Gott im Himmel für uns vorbereitet (Jesaja 25,6-9).

Gott gibt ein Fest. Ich habe mir ausgemalt, wie das sein könnte:

Ich komme in einen großen Saal mit unzähligen Tischreihen. Jemand nimmt mich an die Hand und führt mich an einen Platz. An diesem Platz steht eine Tischkarte mit meinem Namen. Dieser Platz ist für mich reserviert. Ich habe einen Platz an der Festtafel Gottes – vielleicht habe ich hier auf Erden immer nur sehnsüchtig zugeschaut, wenn andere am feiern waren – dort feier ich mit – und wie!

Ich schaue mich um und sehe – unzählig viele Menschen in weißen Gewändern. Alle sozialen Unterschiede sind Vergangenheit:

- Da sitzt der Obdachlose neben dem Präsidenten
- Der ständig Benachteiligte neben dem seit Geburt Bevorzugten
- Der Arme neben dem Reichen
- Der Mensch, der hier vor Gesundheit strotzte neben dem, der hier jeden Tag mit Schmerzen kämpfte
- Alte Feinde stoßen miteinander an – „L^e Chaim" – auf das Leben Bruder / auf das Leben Schwester

Und dann ein Buffet – sagenhaft! All you can eat – und das ohne Bauchschmerzen und Blähungen hinterher.

Und ich muss nach dem Fest nicht wieder in meine traurige Welt zurück, in meine Einsamkeit, in meine Zweifel und meine trüben Gedanken. König David sagt: Siehst du, das ist es, was ich damals gesagt und gemeint habe: **Ich werde bleiben im Haus des Herrn immerdar!**

Musik erklingt – ich sehe auf verschiedenen Bühnen Bach und Händel mit Chören und Orchester, Manfred Siebald, Martin Moro, der österreichische Gitarrenvirtuose, Martin Buchholz, der „rasende Reporter" und humorig-sinnige Liedermacher und christliche Rockbands. Judy Bailey rockt das Fest und lässt alle zum Mitsingen aufstehen.

Was für ein Fest. Und ein Fest unter völlig neuen Vorzeichen:

- Ein Festmahl wie keines zuvor
- Gebannt und staunend sehen wir den Herrn in seiner Herrlichkeit
- Er hat den Tod getötet
- Er wischt alle Tränen ab
- Israel wird geehrt wie es noch nie geehrt worden ist
- Und auf die Erkenntnis Gottes folgen Jubel und Freude

Gott gönnt uns heute einen kleinen Vorgeschmack auf dieses himmlische Fest. Wir feiern Abendmahl.

Jesus kommt zu uns, hat mit uns Gemeinschaft. Wir empfangen ihn, seine Gegenwart wird real. Er ist es, der uns den Himmel öffnet, der dafür sorgt, dass diese Vision vom himmlischen Festmahl so oder vielleicht etwas anders Wirklichkeit wird. Seine Vergebung hüllt uns in ein neues Gewand.

Gott gibt uns einen Vorgeschmack auf sein Himmelsfest. Klar, das ist heute noch eine Sparversion – im Himmel gibt es mehr als einen Bissen Oplaten oder Brot und einen Schluck Traubensaft oder Wein. Aber diese Gaben sagen mir heute: Gott ist hier – bei mir und ich bei ihm! Das Abendmahl macht Lust auf mehr, weckt die Sehnsucht nach sichtbarer, voller, ewiger Gemeinschaft mit meinem guten himmlischen Vater und meinem Herrn Jesus Christus.

Es ist eine Anzahlung auf die Einlösung der Zusage, dass wir an einen persönlichen Platz haben an der Festtafel Gottes. Bist Du dabei? <u>Der Glaube</u> empfängt die Gaben, <u>der Glaube</u> empfängt den Himmel, <u>der Glaube</u> rettet und hält die Sehnsucht und die Hoffnung in uns lebendig, dass Gott Wort halten wird, das wir feiern werden!

Wenn diese Hoffnung in mir lebt, dann habe ich nicht nur ein lohnendes ewiges Ziel für mein Leben, sondern auch mein Leben hier wird sich verändern. Die Hoffnung und die Sehnsucht prägen, gestalten und verändern mein Leben hier und die Art, wie ich lebe.

Ich kann anders feiern. Wie sagt es Vorländer? *„Jedes frohe und frohmachende Fest ist eine Liebeserklärung und ein Dankeschön an den Schöpfer dieser Welt"* – und ich ergänze: und es ist eine Quelle der Motivation und der Kraft für das Leben hier.

Ich darf Menschen mit anderen Augen sehen, dem Frieden und der Gerechtigkeit nachjagen, mich dafür einsetzen. Wer um die neue Welt Gottes weiß, den wird die alte Welt nicht kaltlassen.

„Er führte mich hinaus ins Weite, denn er hatte Lust zu mir."

Gott, der Liebhaber des Lebens, führt Menschen in die Weite, öffnet ihnen einen neuen Horizont und weckt die Sehnsucht, dass er alle seine Verheißungen erfüllen wird, dass er diese kranke und sterbende Welt zu einem heilvollen Ziel führt.

Diese Lust, diese Freude Gottes am Leben, an Deinem und meinem Leben zu feiern und immer neu zu rühmen, das ist mein Wunsch, meine Sehnsucht.

Printed by Books on Demand GmbH, Norderstedt / Germany